CONSEIL D'ÉTAT.

Épreuve.

DISCUSSION
DU PROJET
DE CODE CIVIL.

N.° 22.

SÉANCE du 5 Ventôse, an 11 de la République.

LE PREMIER CONSUL préside la séance.

Le second et le troisième Consuls sont présens.

Le C. PORTALIS dépose sur le bureau l'exposé des motifs du projet de loi formant le titre préliminaire du projet de Code civil et relatif *à la Publication, aux effets et à l'application des lois en général*, présenté au Corps législatif dans sa séance du 4 ventôse.

Cet exposé est ainsi conçu :

« CITOYENS LÉGISLATEURS,

» Le projet de loi que je viens vous présenter, au nom du Gouvernement, est relatif *à la Publication, aux effets et à l'application des lois en général.*

» Le moment est arrivé où votre sagesse va fixer la législation civile de la France. Il ne faut que de la violence pour détruire ; il faut de la constance, du courage et des lumières pour édifier.

» Nos travaux touchent à leur terme.

» Le vœu des Français, celui de toutes nos Assemblées nationales seront remplis. Jusqu'ici la diversité des coutumes formait, dans un même État, cent États différens. La loi, par-tout opposée à elle-même, divisait les citoyens au lieu de les unir. Cet ordre de choses ne saurait exister plus long-temps. Des hommes qui, à la voix puissante de la patrie, et par un élan sublime et généreux, ont subitement renoncé à leurs priviléges et à leurs habitudes, pour reconnaître un intérêt commun, ont conquis le droit inappréciable de vivre sous une commune loi.

» C'est dans le moment de cette grande et salutaire révolution dans nos lois, qu'il importe de proclamer quelques-unes de ces maximes fécondes qui ont été consacrées par tous les peuples policés, et qui servent à diriger la marche de toute législation bien ordonnée. Ces maximes sout l'objet du projet de loi que je présente ; elles n'appartiennent à aucun code particulier ; elles sont comme les prolégomènes de tous les codes.

» Mais il nous a paru que leur véritable place était en avant du code civil, parce que cette espèce de code est celle qui, plus que toute autre, embrasse l'universalité des choses et des personnes.

Publication des lois.

» Dans un gouvernement, il est essentiel que les citoyens puissent connaître les lois sous lesquelles ils vivent et auxquelles ils doivent obéir.

» De là, les formes établies chez toutes les nations pour la promulgation et la publication des lois.

» On a cru devoir s'occuper de ces formes, auxquelles l'exécution des lois se trouve nécessairement liée.

» Il est sans doute une justice naturelle, émanée de la raison seule, et cette justice qui constitue pour ainsi dire le cœur humain, n'a pas besoin de promulgation. C'est une lumière qui éclaire tout homme venant en ce monde, et qui, du fond de la conscience, réfléchit sur toutes les actions de la vie.

» Mais, faute de sanction, la justice naturelle qui dirige sans contraindre, serait vaine pour la plupart des hommes, si la raison ne se déployait avec l'appareil de la puissance, pour unir les droits aux devoirs, pour substituer l'obligation à l'instinct, et appuyer par les commandemens de l'autorité les inspirations honnêtes de la nature.

» Quand on a la force de faire ce que l'on veut, il est difficile de ne pas croire qu'on en a le droit. On se résignerait peu à se soumettre à des gênes, si l'on pouvait avec impunité se livrer à ses penchans.

» Ce que nous appelons le *droit naturel* ne suffisait donc pas ; il fallait des commandemens ou des préceptes formels et coactifs.

» On voit donc la différence qui existe entre une règle de morale et une loi d'État.

» Or, ce sont les lois d'État qui ont besoin d'être promulguées pour devenir exécutoires : car ces sortes de lois qui n'ont pas toujours existé, qui changent souvent, et qui ne peuvent tout embrasser, ont leur époque déterminée et leur objet particulier. On ne saurait être tenu de leur obéir sans les connaître.

» Sous l'ancien régime, la loi était une volonté du prince.

» Cette volonté était adressée aux cours souveraines, qui étaient chargées de la vérification et du dépôt des lois.

» La loi n'était point exécutoire dans un ressort, avant d'y avoir été vérifiée et enregistrée.

» La vérification était un examen, une discussion de la loi nouvelle. Elle représentait la délibération qui est de l'essence de toutes les lois. L'enregistrement était la transcription sur le registre de la loi vérifiée.

» Les cours pouvaient suspendre l'enregistrement d'une loi, ou même le refuser ; elles pouvaient modifier la loi en l'enregistrant, et dès-lors ces modifications faisaient partie de la loi même.

» Une loi pouvait être refusée par une cour souveraine, et acceptée par une autre. Elle pouvait être diversement modifiée par les diverses cours.

» La législation marchait ainsi d'un pas chancelant, timide et incertain. Dans cette confusion et dans ce conflit de volontés différentes, il ne pouvait y avoir d'unité, de certitude, ni de majesté dans les opérations du législateur. On ne savait jamais si l'État était régi par la volonté générale, ou s'il était livré à l'anarchie des volontés particulières.

» Tout cela tenait à la constitution d'alors.

» La France, dans les temps qui ont précédé la révolution, présentait moins une nation particulière qu'un assemblage de nations diverses, successivement réunies ou conquises, distinctes par le climat, par le sol, par les priviléges, par les coutumes, par le droit civil, par le droit politique.

» Le prince gouvernait ces différentes nations, sous les titres différens de duc, de roi, de comte. Il avait promis de maintenir chaque pays dans ses coutumes et dans ses franchises. On sent que dans une pareille situation, c'était un prodige quand une même loi pouvait convenir à toutes les parties de l'empire. Une marche uniforme dans la législation était donc impossible.

» S'il n'y avait point d'unité dans l'exercice du pouvoir législatif, par rapport au fond même des lois, il ne pouvait y en avoir dans le mode de leur promulgation.

» Chaque province de France formant un État à part, il fallait, pour naturaliser une loi dans chaque province, que cette loi y fût expressément acceptée et promulguée en vertu de cette acceptation.

» Il fallait donc dans chaque province une promulgation particulière.

» Dans certains ressorts, la loi était censée promulguée, et elle devenait exécutoire pour tous les habitans du pays, du jour qu'elle avait été enregistrée par le parlement de la province.

» Dans d'autres ressorts, on ne regardait l'enregistrement dans les cours que comme le complément de la loi, considérée en elle-même et non comme sa promulgation ou sa publication. On jugeait que la formation de la loi était consommée par l'enregistrement; mais qu'elle n'était promulguée que par l'envoi aux sénéchaussées et bailliages, et qu'elle n'était exécutoire, dans chaque territoire, que du jour de la publication faite à l'audience par la sénéchaussée ou par le bailliage de ce territoire.

» Les choses changèrent sous l'Assemblée constituante.

» Un décret de cette Assemblée, du 2 novembre 1790, porta qu'une loi était complète dès l'instant qu'elle avait été sanctionnée par le roi; que la transcription et la publication de la loi, faites par les corps administratifs et par les tribunaux, étaient toutes également de même valeur, et que la loi était obligatoire du moment où la publication en avait été faite, soit par le corps administratif, soit par le tribunal de l'arrondissement, sans qu'il fût nécessaire qu'elle eût été faite par tous les deux.

» Le même décret voulait que la publication fût faite par lecture, placards et affiches.

» La Convention ordonna l'impression d'un bulletin des lois, et l'envoi de ce bulletin à toutes les autorités constituées. Elle décida que, dans chaque lieu, la promulgation de la loi serait faite dans les vingt-quatre heures de la réception, par une publication au son de trompe ou de tambour, et que la loi y deviendrait obligatoire à compter du jour de la promulgation. La même Assemblée nationale, après avoir achevé la constitution de l'an 4, et avant de se séparer, fit, le 12 vendémiaire, un nouveau décret sur la promulgation et la publication des lois. Par ce décret, elle supprima les publications à son de trompe ou au bruit du tambour; elle conserva l'usage d'un bulletin officiel, que le ministre de la jussice fut chargé d'adresser aux présidens des administrations départementales et municipales, et aux divers fonctionnaires mentionnés dans le décret. Elle déclara que les lois et actes du corps législatif obligeraient, dans l'étendue de chaque département, du jour auquel le bulletin officiel serait distribué au chef-lieu du département, et que ce jour serait constaté par un registre où les administrateurs de chaque département certifieraient l'arrivée de chaque numéro.

» L'envoi d'un bulletin officiel aux administrations et aux tribunaux est encore aujourd'hui le mode que l'on suit pour la promulgation et pour la publication des lois.

» Dans le projet de Code civil, les rédacteurs se sont occupés de cet objet. Ils ont consacré le principe, que les lois doivent être adressées aux autorités chargées de les exécuter ou de les appliquer.

» Ils ont pensé que les lois dont l'application appartient aux tribunaux, devraient être exécutoires dans chaque partie de la République, du jour de leur publication par les tribunaux d'appel, et que les lois administratives devraient être exécutoires, du jour de la publication faite par les corps administratifs.

» Ils ont ajouté que les lois dont l'exécution et l'application appartiendraient à-la-fois aux tribunaux et à d'autres autorités, leur seraient respectivement adressées, et qu'elles seraient exécutoires, en ce qui est relatif à la compétence de chaque autorité, du jour de la publication par l'autorité compétente.

» Les avantages et les inconvéniens des divers systèmes ont été balancés par le Gouvernement, et il a su s'élever aux véritables principes.

» Une loi peut être considérée sous deux rapports : 1.° relativement à l'autorité dont elle est émanée; 2.° relativement au peuple ou à la nation pour qui elle est faite.

» Toute loi suppose un législateur.

» Toute loi suppose encore un peuple qui l'observe et qui lui obéisse.

» Entre la loi et le peuple pour qui elle est faite, il faut un moyen ou un lien de communication : car il est nécessaire que le peuple sache ou puisse savoir que la loi existe et qu'elle existe comme loi.

» La promulgation est le moyen de constater l'existence de la loi auprès du peuple, et de lier le peuple à l'observation de la loi.

» Avant la promulgation, la loi est parfaite relativement à l'autorité dont elle est l'ouvrage; mais elle n'est point encore obligatoire pour le peuple en faveur de qui le législateur dispose.

» La promulgation ne fait pas la loi; mais l'exécution de la loi ne peut commencer qu'après la promulgation de la loi : *Non obligat lex nisi promulgata.*

» La promulgation est la vive voix du législateur.

» En France, la forme de la promulgation est constitutionnelle : car la Constitution règle que les lois seront promulguées, et qu'elles le seront par le Premier Consul.

» D'après la Constitution, et d'après les maximes du droit public universel, nous avons établi, dans le projet, que les lois seraient exécutoires en vertu de la promulgation faite par le Premier Consul. Si la voix de ce premier magistrat pouvait retentir à-la-fois dans tout l'univers français, toute précaution ultérieure deviendrait inutile : mais la nature même des choses résiste à une telle supposition.

» Il faut pourtant que la promulgation soit connue ou puisse l'être.

» Il n'est certainement pas nécessaire d'atteindre chaque individu. La loi prend les hommes en masse ; elle parle, non à chaque particulier, mais au corps entier de la société.

» Il suffit que les particuliers aient pu connaître la loi. C'est leur faute s'ils l'ignorent, quand ils ont pu et dû la connaître ; *idem est scire aut scire debuisse, aut potuisse.* L'ignorance du droit n'excuse pas.

» La loi était autrefois un mystère jusqu'à sa formation. Elle était préparée dans les conseils secrets du prince. Lors de la vérification qui en était faite par les cours, la discussion n'en était pas publique ; tout était dérobé constamment à la curiosité des citoyens. La loi n'arrivait à la connaissance des citoyens que comme l'éclair qui sort du nuage.

» Aujourd'hui il en est autrement. Toutes les discussions et toutes les délibérations se font avec solennité et en présence du public. Le législateur ne se cache jamais derrière un voile. On connaît ses pensées avant même qu'elles soient réduites en commandement. Il prononce la loi au moment même où elle vient d'être formée, et il la prononce publiquement.

» Un délai de dix jours précède la promulgation ; et pendant ce délai, la loi circule dans toutes les parties de l'empire.

» Elle est donc déjà publique avant d'être promulguée.

» Cependant, comme ce n'est là qu'une publication de fait, nous avons cru devoir encore garantir cette publicité de droit qui produit l'obligation et qui force l'obéissance après la promulgation.

» Nous avons en conséquence ménagé de nouveaux délais pendant lesquels la loi promulguée dans le lieu où siége le Gouvernement, peut être successivement parvenue jusqu'aux extrémités de la République.

» On avait jeté l'idée d'un délai unique, d'un délai uniforme, après lequel la loi aurait été, dans le même instant, exécutoire par-tout.

» Mais cette idée ne présentait qu'une fiction démentie par la réalité. Tout est successif dans la marche de la nature : tout doit l'être dans la marche de la loi.

» Il eût été absurde et injuste que la loi fût sans exécution dans le lieu de sa promulgation et dans les contrées environnantes, parce qu'elle ne pouvait pas encore être connue dans les parties les plus éloignées du territoire national.

» Personne n'est affligé de la dépendance des choses. On l'est de l'arbitraire de l'homme.

» J'ajoute que de grands inconvéniens politiques auraient pu être la suite d'une institution aussi contraire à la justice, qu'à la raison, et à l'ordre physique des choses.

» Nous avons donc gradué les délais d'après les distances.

» Le système du projet de loi fait disparaître tout ce que les différens systèmes admis jusqu'à ce jour offraient de vicieux.

» Je ne parle point de ce qui se pratiquait sous l'ancien régime. Les institutions d'alors sont inconciliables avec les nôtres.

» Mais j'observe que dans ce qui s'est pratiqué depuis la révolution, on avait trop subordonné l'exécution de la loi au fait de l'homme.

» Par-tout on exigeait des lectures, des transcriptions

de la loi ; et la loi n'était point exécutoire avant ces transcriptions et ces lectures. A chaque instant, la négligence ou la mauvaise foi d'un officier public pouvait paralyser la législation, au grand préjudice de l'État et des citoyens.

» Les transcriptions et les lectures peuvent figurer comme moyens secondaires, comme précautions de secours.

» Mais il ne faut pas que la loi soit abandonnée au caprice des hommes. Sa marche doit être assurée et imperturbable. Image de l'ordre éternel, elle doit, pour ainsi dire, se suffire à elle-même. Nous lui rendons toute son indépendance, en ne subordonnant son exécution qu'à des délais, à des précautions commandées par la nature même.

» Le plan des rédacteurs du projet de code joignait au vice de tous les autres systèmes, un vice de plus.

» Dans ce plan, on distinguait les lois administratives d'avec les autres ; et, pour la publication, on faisait la part des tribunaux et celle des administrateurs.

» Il fallait donc, avec un pareil plan, juger chaque loi, pour fixer l'autorité qui devait en faire la publication. Cela eût entraîné des difficultés interminables, et des questions indiscrètes qui eussent pu compromettre la dignité des lois.

» Le projet que je présente prévient tous les doutes, remplit tous les intérêts, et satisfait à toutes les convenances.

Effets rétroactifs.

» Après avoir fixé l'époque à laquelle les lois deviennent exécutoires, nous nous sommes occupés des effets.

» C'est un principe général que les lois n'ont point d'effet rétroactif.

» A l'exemple de toutes nos Assemblées nationales, nous avons proclamé ce principe.

» Il est des vérités utiles qu'il ne suffit pas de publier une fois, mais qu'il faut publier toujours, et qui doivent sans cesse frapper l'oreille du magistrat, du juge, du législateur, parce qu'elles doivent constamment être présentes à leur esprit.

» L'office des lois est de régler l'avenir : le passé n'est plus en leur pouvoir.

» Par tout où la rétroactivité des lois serait admise, non-seulement la sûreté n'existerait plus, mais son ombre même.

» La

» La loi naturelle n'est limitée ni par le temps, ni par les lieux, parce qu'elle est de tous les pays et de tous les siècles.

» Mais les lois positives, qui sont l'ouvrage des hommes, n'existent pour nous que quand on les promulgue, et elles ne peuvent avoir d'effet que quand elles existent.

» La liberté civile consiste dans le droit de faire ce que la loi ne prohibe pas. On regarde comme permis tout ce qui n'est pas défendu.

» Que deviendrait donc la liberté civile, si le citoyen pouvait craindre qu'après coup il serait exposé au danger d'être recherché dans ses actions, ou troublé dans ses droits acquis, par une loi postérieure !

» Ne confondons pas les jugemens avec les lois. Il est de la nature des jugemens de régler le passé, parce qu'ils ne peuvent intervenir que sur des actions ouvertes, et sur des faits auxquels ils appliquent les lois existantes. Mais le passé ne saurait être du domaine des lois nouvelles, qui ne le régissaient pas.

» Le pouvoir législatif est la toute-puissance humaine.

» La loi établit, conserve, change, modifie, perfectionne : elle détruit ce qui est ; elle crée ce qui n'est pas encore. La tête d'un grand législateur est une espèce d'Olympe d'où partent ces idées vastes, ces conceptions heureuses qui président au bonheur des hommes et à la destinée des empires. Mais le pouvoir de la loi ne peut s'étendre sur des choses qui ne sont plus, et qui par-là même sont hors de tout pouvoir.

» L'homme, qui n'occupe qu'un point dans le temps comme dans l'espace, serait un être bien malheureux, s'il ne pouvait pas se croire en sûreté, même pour sa vie passée ; pour cette portion de son existence, n'a-t-il pas déjà porté tout le poids de sa destinée ! Le passé peut laisser des regrets ; mais il termine toutes les incertitudes. Dans l'ordre de la nature, il n'y a d'incertain que l'avenir ; et encore l'incertitude est alors adoucie par l'espérance, cette compagne fidèle de notre faiblesse. Ce serait empirer la triste condition de l'humanité, que de vouloir changer, par le systeme de la législation, le système de la nature, et de chercher, pour un temps qui n'est plus, à faire revivre nos craintes, sans pouvoir nous rendre nos espérances.

» Loin de nous l'idée de ces lois à deux faces, qui, ayant sans cesse un œil sur le passé et l'autre sur l'avenir, desssécheraient la source de la confiance, et deviendraient un principe éternel d'injustice, de bouleversement et de désordre.

» Pourquoi, dira-t-on, laisser impunis des abus qui existaient avant la loi que l'on promulgue pour les réprimer ? Parce qu'il ne faut pas que le remède soit pire que le mal. Toute loi naît d'un abus. Il n'y aurait donc point de loi qui ne dût être rétroactive. Il ne faut point exiger que les hommes soient avant la loi ce qu'ils ne doivent devenir que par elle.

Lois de police et de sûreté.

» Toutes les lois, quoique émanées du même pouvoir, n'ont point le même caractère, et ne sauraient conséquemment avoir la même étendue dans leur application, c'est-à-dire, les mêmes effets ; il a donc fallu les distinguer.

» Il est des lois, par exemple, sans lesquelles un État ne pourrait subsister. Ces lois sont toutes celles qui maintiennent la police de l'État, et qui veillent à sa sûreté.

» Nous déclarons que des lois de cette importance obligent indistinctement tous ceux qui habitent le territoire.

» Il ne peut, à cet égard, exister aucune différence entre les citoyens et les étrangers.

» Un étranger devient le sujet casuel de la loi du pays dans lequel il passe ou dans lequel il réside. Dans le cours de son voyage, ou pendant le temps plus ou moins long de sa résidence, il est protégé par cette loi : il doit donc la respecter à son tour. L'hospitalité qu'on lui donne appelle et force sa reconnaissance.

» D'autre part, chaque État a le droit de veiller à sa conservation ; et c'est dans ce droit que réside la souveraineté. Or, comment un État pourrait-il se conserver et se maintenir, s'il existait dans son sein des hommes qui pussent impunément enfreindre sa police et troubler sa tranquillité ? Le pouvoir souverain ne pourrait remplir la fin pour laquelle il est établi, si des hommes étrangers ou nationaux étaient indépendans de ce pouvoir. Il ne peut être limité, ni quant aux choses, ni quant aux personnes : il n'est rien s'il n'est tout. La qualité d'étranger ne saurait être une exception légitime pour celui qui s'en prévaut contre la puissance publique qui régit le pays dans lequel il réside. Habiter le territoire, c'est se soumettre à la souveraineté. Tel est le droit politique de toutes les nations.

» A ne consulter même que le droit naturel, tout homme peut repousser la violence par la force. Comment donc ce droit, qui compète à tout individu, serait-il refusé aux grandes sociétés contre un étranger qui troublerait l'ordre de ces sociétés ! Des millions d'hommes réunis en corps d'état seraient-ils dépouillés du droit de la défense naturelle, tandis qu'un pareil droit est sacré dans la personne du moindre individu !

» Aussi, chez toutes les nations, les étrangers qui délinquent sont traduits devant les tribunaux du pays.

» Nous ne parlons pas des ambassadeurs ; ce qui les concerne est réglé par le droit des gens et par les traités.

Lois personnelles.

» S'agit-il des lois ordinaires ; on a toujours distingué celles qui sont relatives à l'état et à la capacité des personnes, d'avec celles qui règlent la disposition des biens. Les premières sont appelées *personnelles*, et les secondes *réelles*.

» Les lois personnelles suivent la personne par-tout. Ainsi la loi française, avec des yeux de mère, suit les Français jusque dans les régions les plus éloignées; elle les suit jusqu'aux extrémités du globe.

» La qualité de Français, comme celle d'étranger, est l'ouvrage de la nature ou celui de la loi. On est Français par la nature, quand on l'est par sa naissance, par son origine. On l'est par la loi, quand on le devient en remplissant toutes les conditions que la loi prescrit pour effacer les vices de la naissance ou de l'origine.

» Mais il suffit d'être Français pour être régi par la loi française, dans tout ce qui concerne l'état de la personne.

» Un Français ne peut faire fraude aux lois de son pays pour aller contracter mariage en pays étranger sans le consentement de ses père et mère, avant l'âge de vingt-cinq ans. Nous citons cet exemple entre mille autres pareils, pour donner une idée de l'étendue et de la force des lois personnelles.

» Les différens peuples, depuis les progrès du commerce et de la civilisation, ont plus de rapports entre eux qu'ils n'en avaient autrefois. L'histoire du commerce est l'histoire de la communication des hommes. Il est donc plus important qu'il ne l'a jamais été, de fixer la maxime que, dans tout ce qui regarde l'état et la capacité de la personne, le Français, quelque part qu'il soit, continue d'être régi par la loi française.

Lois réelles.

» Les lois qui règlent la disposition des biens, sont appelées réelles : ces lois régissent les immeubles, lors même qu'ils sont possédés par des étrangers.

» Ce principe dérive de ce que les publicistes appellent *le domaine éminent du souverain.*

» Point de méprise sur les mots *domaine éminent ;* ce serait une erreur d'en conclure que chaque État a un droit universel de propriété sur tous le biens de son territoire.

» Les mots *domaine éminent* n'expriment que le droit qu'a la puissance publique de régler la disposition des biens par des lois civiles, de lever sur ces biens des impôts proportionnés aux besoins publics, et de disposer de ces mêmes biens pour quelque objet d'utilité publique, en indemnisant les particuliers qui les possèdent.

» Au citoyen appartient la propriété, et au souverain l'empire. Telle est la maxime de tous les pays et de tous les temps ; mais les propriétés particulières des citoyens réunies et contiguës forment le territoire public d'un État ; et, relativement aux nations étrangères, ce territoire forme un seul tout qui est sous l'empire du souverain ou de l'État. La souveraineté est un droit à-la-fois réel et personnel : conséquemment, aucune partie du territoire ne peut être soustraite à l'administration du souverain, comme aucune personne habitant le territoire ne peut être soustraite à sa surveillance ni à son autorité.

» La souveraineté est indivisible : elle cesserait de l'être, si les portions d'un même territoire pouvaient être régies par des lois qui n'émaneraient pas du même souverain.

» Il est donc de l'essence même des choses, que les immeubles dont l'ensemble forme le territoire public d'un peuple, soient exclusivement régis par les lois de ce peuple, quoiqu'une partie de ces immeubles puisse être possédée par des étrangers.

Règles pour les Juges.

» Il ne suffisait pas de parler des effets principaux des lois ; il fallait encore présenter aux juges quelques règles d'application.

» La justice est la première dette de la souveraineté :

c'est pour acquitter cette dette sacrée que les tribunaux sont établis.

» Mais les tribunaux ne rempliraient pas le but de leur établissement, si, sous prétexte du silence, de l'obscurité ou de l'insuffisance de la loi, ils refusaient de juger. Il y avait des juges avant qu'il y eût des lois, et les lois ne peuvent prévoir tous les cas qui peuvent s'offrir aux juges. L'administration de la justice serait donc perpétuellement interrompue, si un juge s'abstenait de juger toutes les fois que la contestation qui lui est soumise n'a pas été prévue par une loi.

» L'office des lois est de statuer sur les cas qui arrivent le plus fréquemment. Les accidens, les cas fortuits, les cas extraordinaires, ne sauraient être la matière d'une loi.

» Dans les choses même qui méritent de fixer la sollicitude du législateur, il est impossible de tout fixer par des règles précises. C'est une sage prévoyance de penser qu'on ne peut tout prévoir.

» De plus, on peut prévoir une loi à faire sans croire devoir la précipiter. Les lois doivent être préparées avec une sage lenteur. Les États ne meurent pas, et il n'est pas expédient de faire tous les jours de nouvelles lois.

» Il est donc nécessairement une foule de circonstances dans lesquelles un juge se trouve sans loi. Il faut donc laisser alors au juge la faculté de suppléer à la loi par les lumières naturelles de la droiture et du bon sens. Rien ne serait plus puéril que de vouloir prendre des précautions suffisantes pour qu'un juge n'eût jamais qu'un texte précis à appliquer. Pour prévenir les jugemens arbitraires, on exposerait la société à mille jugemens iniques, et, ce qui est pis, on l'exposerait à ne pouvoir plus se faire rendre justice; et avec la folle idée de décider tous les cas, on ferait de la législation un dédale immense dans lequel la mémoire et la raison se perdraient également.

» Quand la loi se tait, la raison naturelle parle encore: si la prévoyance des législateurs est limitée, la nature est infinie; elle s'applique à tout ce qui peut intéresser les hommes : pourquoi voudrait-on méconnaître les ressources qu'elle nous offre!

» Nous raisonnons comme si les législateurs étaient des dieux, et comme si les juges n'étaient pas même des hommes.

» De tous les temps, on a dit que l'équité était le supplément des lois. Or, qu'ont voulu dire les jurisconsultes romains quand ils ont ainsi parlé de l'*équité!*

» Le mot *équité* est susceptible de diverses acceptions. Quelquefois il ne désigne que la volonté constante d'être juste, et dans ce sens il n'exprime qu'une vertu ; dans d'autres occasions, le mot *équité* désigne une certaine aptitude ou disposition d'esprit qui distingue le juge éclairé de celui qui ne l'est pas ou qui l'est moins. Alors, l'*équité* n'est, dans le magistrat, que le coup-d'œil d'une raison exercée par l'observation et dirigée par l'expérience. Mais tout cela n'est relatif qu'à l'équité morale, et non à cette équité judiciaire dont les jurisconsultes romains se sont occupés, et qui peut être définie un retour à la loi naturelle, dans le silence, l'obscurité ou l'insuffisance des lois positives.

» C'est cette *équité* qui est le vrai supplément de la législation, et sans laquelle le ministère du juge, dans le plus grand nombre des cas, deviendrait impossible.

» Car il est rare qu'il naisse des contestations sur l'application d'un texte précis : c'est toujours parce que la loi est obscure ou insuffisante, ou même parce qu'elle se tait, qu'il y a matière à litige. Il faut donc que le juge ne s'arrête jamais. Une question de propriété ne peut demeurer indécise. Le pouvoir de juger n'est pas toujours dirigé dans son exercice par des préceptes formels ; il l'est par des maximes, par des usages, par des exemples, par la doctrine. Aussi, le vertueux chancelier *d'Aguesseau* disait très-bien que le temple de la justice n'était pas moins consacré à la science qu'aux lois, et que la véritable doctrine, qui consiste dans la connaissance de l'esprit des lois, est supérieure à la connaissance des lois mêmes.

» Pour que les affaires de la société puissent marcher, il faut donc que le juge ait le droit d'interpréter les lois et d'y suppléer. Il ne peut y avoir d'exception à ces règles que pour les matières criminelles ; et encore, dans ces matières, le juge choisit le parti le plus doux si la loi est obscure ou insuffisante, et il absout l'accusé, si la loi se tait sur le crime.

» Mais en laissant à l'exercice du ministère du juge toute la latitude convenable, nous lui rappelons les bornes qui dérivent de la nature même de son pouvoir.

» Un juge est associé à l'esprit de législation ; mais il ne saurait partager le pouvoir législatif. Une loi est un acte de souveraineté ; une décision n'est qu'un acte de juridiction ou de magistrature.

Or, le juge deviendrait législateur, s'il pouvait, par

des réglemens, statuer sur les questions qui s'offrent à son tribunal. Un jugement ne lie que les parties entre lesquelles il intervient : un réglement lierait tous les justiciables et le tribunal lui-même.

» Il y aurait bientôt autant de législations que de ressorts.

» Un tribunal n'est pas dans une région assez haute pour délibérer des réglemens et des lois. Il serait circonscrit dans ses vues comme il l'est dans son territoire; et ses méprises ou ses erreurs pourraient être funestes au bien public.

» L'esprit de judicature, qui est toujours appliqué à des détails, et qui ne prononce que sur des intérêts particuliers, ne pourrait souvent s'accorder avec l'esprit du législateur, qui voit les choses plus généralement et d'une manière plus étendue et plus vaste.

» Au surplus, les pouvoirs sont réglés; aucun ne doit franchir ses limites.

Conventions contraires à l'Ordre public et aux bonnes Mœurs.

» Le dernier article du projet de loi porte qu'on ne peut déroger, par des conventions particulières, aux lois qui intéressent l'ordre public et les bonnes mœurs.

» Ce n'est que pour maintenir l'ordre public, qu'il y a des gouvernemens et des lois. Il est donc impossible qu'on autorise entre les citoyens des conventions capables d'altérer ou de compromettre l'ordre public.

» Des jurisconsultes ont poussé le délire jusqu'à croire que des particuliers pouvaient traiter entre eux comme s'ils vivaient dans ce qu'ils appellent l'état de nature, et consentir tel contrat qui peut convenir à leurs intérêts, comme s'ils n'étaient gênés par aucune loi. De tels contrats, disent-ils, ne peuvent être protégés par des lois qu'ils offensent; mais comme la bonne foi doit être gardée entre des parties qui se sont engagées réciproquement, il faudrait obliger la partie qui refuse d'exécuter le pacte, à fournir par équivalent ce que les lois ne permettraient pas d'exécuter en nature.

» Toutes ces dangereuses doctrines, fondées sur des subtilités, et éversives des maximes fondamentales, doivent disparaître devant la sainteté des lois.

» Le maintien de l'ordre public dans une société est la loi suprême. Protéger des conventions contre cette loi, ce serait placer des volontés particulières au-dessus de la volonté générale ; ce serait dissoudre l'État.

» Quant aux conventions contraires aux bonnes mœurs, elles sont proscrites chez toutes les nations policées. Les bonnes mœurs peuvent suppléer les bonnes lois : elles sont le véritable ciment de l'édifice social. Tout ce qui les offense, offense la nature et les lois. Si on pouvait les blesser par des conventions, bientôt l'honnêteté publique ne serait plus qu'un vain nom, et toutes les idées d'honneur, de vertu, de justice, seraient remplacées par les lâches combinaisons de l'intérêt personnel, et par les calculs du vice.

» Tel est le projet de loi qui est soumis à votre sanction. Il n'offre aucune de ces matières problématiques qui peuvent prêter à l'esprit de système. Il rappelle toutes les grandes maximes des gouvernemens ; il les fixe, il les consacre. C'est à vous, citoyens législateurs, à les décréter par vos suffrages. Chaque loi nouvelle qui tend à promulguer des vérités utiles, affermit la prospérité de l'État et ajoute à votre gloire. »

LE C. TREILHARD présente une nouvelle rédaction du titre *des Successions*, faite d'après les amendemens adoptés dans les séances des 25 frimaire, 2, 9, 16 et 23 nivôse.

Cette rédaction est adoptée en ces termes :

Des différentes Manières dont on acquiert la Propriété.

Art. I.er « La propriété des biens s'acquiert et se » transmet par succession, par donation entre-vifs ou » testamentaire, et par l'effet des obligations.

Art. II. » La propriété s'acquiert aussi par accession » ou incorporation, et par prescription.

Art. III. » Les biens qui n'ont pas de maître, appar- » tiennent à la nation.

Art. IV. » Il est des choses qui n'appartiennent à per- » sonne et dont l'usage est commun à tous.

» Des lois de police règlent la manière d'en jouir.

Art. V. » La faculté de chasser ou de pêcher est égale- » ment réglée par des lois particulières.

Art. VI. » La propriété d'un trésor appartient à celui » qui le trouve dans son propre fonds : si le trésor est » trouvé dans le fonds d'autrui, il appartient, pour » moitié, à celui qui l'a découvert, et, pour l'autre » moitié, au propriétaire du fonds.

» Le

» Le trésor est toute chose cachée ou enfouie sur » laquelle personne ne peut justifier sa propriété, et qui » est découverte par le pur effet du hasard.

Art. VII. » Les droits sur les effets jetés à la mer, sur » les objets que la mer rejette, de quelque nature qu'ils » puissent être, sur les plantes et herbages qui croissent » sur les rivages de la mer, sont aussi réglés par des lois » particulières.

» Il en est de même des choses perdues dont le maître » ne se représente pas.

DES SUCCESSIONS.

CHAPITRE I.er

DE L'OUVERTURE DES SUCCESSIONS ET DE LA SAISINE DES HÉRITIERS.

Art. I.er » Les successions s'ouvrent par la mort natu- » relle et par la mort civile.

Art. II. » La succession est ouverte par la mort civile, » du moment où cette mort est encourue, conformément » aux dispositions de la loi sur la privation des droits » civils par suite de condamnations judiciaires.

Art. III. » Si plusieurs individus respectivement ap- » pelés à la succession l'un de l'autre, périssent dans un » même événement, sans qu'on puisse reconnaître lequel » est décédé le premier, la présomption de survie est » déterminée par les circonstances du fait, et, à leur » défaut, par la force de l'âge ou du sexe.

Art. IV. » Si ceux qui ont péri ensemble ont moins » de quinze ans, le plus âgé est présumé avoir survécu ;

» S'ils sont tous au-dessus de soixante ans, le moins » âgé est présumé avoir survécu ;

» Si les uns ont moins de quinze ans et les autres » plus de soixante, les premiers sont présumés avoir » survécu.

Art. V. » Entre ceux qui ont plus de quinze ans et » moins de soixante, le mâle est toujours présumé avoir » survécu, s'il y a égalité d'âge, ou si la différence qui » existe n'excède pas une année.

» Si ceux qui ont péri sont du même sexe, la pré- » somption de survie qui donne ouverture à la succession » dans l'ordre de la nature, doit être admise; ainsi le » plus jeune est présumé avoir survécu au plus âgé.

Art. VI. » La loi règle l'ordre de succéder entre les » héritiers légitimes ; à leur défaut, les biens passent aux » enfans naturels, ensuite à l'époux survivant ; et s'il n'y » en a pas, à la République.

Art. VII. » Les héritiers légitimes sont saisis de plein » droit des biens, droits et actions du défunt, sous » l'obligation d'acquitter toutes les charges de la succession ; les enfans naturels, l'époux survivant et la » République doivent se faire envoyer en possession par » justice, dans les formes qui seront déterminées.

CHAPITRE II.

DES QUALITÉS REQUISES POUR SUCCÉDER.

Art. VIII. » Pour succéder, il faut nécessairement » exister à l'instant de l'ouverture de la succession.

» Ainsi, sont incapables de succéder,

» 1.° Celui qui n'est pas encore conçu ;

» 2.° L'enfant qui n'est pas né viable ;

» 3.° L'individu mort civilement.

Art. IX. » Un étranger n'est admis à succéder aux » biens que son parent étranger ou français possède dans » le territoire de la République, que dans les cas et » de la manière dont un Français succède à son parent possédant des biens dans le pays de cet étranger, » conformément à l'art. V du chapitre *de la Jouissance* » *des droits civils.*

Art. X. » Sont indignes de succéder, et comme tels » exclus des successions,

» 1.° Celui qui serait condamné pour avoir donné » ou tenté de donner la mort au défunt ;

» 2.° Celui qui a porté contre le défunt une accusation capitale jugée calomnieuse ;

» 3.° L'héritier majeur qui, instruit du meurtre du » défunt, ne l'aura pas dénoncé à la justice.

Art. XI. » Le défaut de dénonciation ne peut être » opposé aux ascendans et descendans du meurtrier, ni » à ses alliés en ligne directe, ni à son époux ou à son » épouse, ni à ses frères ou sœurs, ni à ses oncles et » tantes, ni à ses neveux et nièces.

Art. XII. » L'héritier exclu de la succession pour » cause d'indignité, est tenu de rendre tous les fruits et » les revenus dont il a eu la jouissance depuis l'ouverture de la succession.

Art. XIII. » Les enfans de l'indigne venant à la succession de leur chef, et sans le secours de la représentation, ne sont pas exclus pour la faute de leur père; mais celui-ci ne peut, en aucun cas, réclamer sur les biens de cette succession l'usufruit que la loi accorde aux pères et mères sur les biens de leurs enfans.

CHAPITRE III.

DES DIVERS ORDRES DE SUCCESSIONS.

SECTION I.re

Dispositions générales.

Art. XIV. » Les successions sont déférées aux descendans du défunt, à ses ascendans et à ses parens collatéraux, dans l'ordre et suivant les règles qui seront déterminées.

Art. XV. » La loi ne considère ni la nature ni l'origine des biens pour en régler la succession.

Art. XVI. » Toute succession échue à des ascendans ou à des collatéraux, se divise en deux parts égales; l'une pour les parens de la ligne paternelle, l'autre pour les parens de la ligne maternelle.

» Les parens utérins ou consanguins ne sont pas exclus par les germains, mais ils ne prennent part que dans leur ligne, sauf ce qui sera dit ci-après à l'article XXXV; les germains prennent part dans les deux lignes.

» Il ne se fait aucune dévolution d'une ligne à l'autre, que lorsqu'il ne se trouve aucun ascendant ni collatéral de l'une des deux lignes.

Art. XVII. » Cette première division opérée entre les lignes paternelle et maternelle, il ne se fait plus de division entre les diverses branches; mais la moitié dévolue à chaque ligne appartient à l'héritier ou aux héritiers les plus proches en degré, sauf le cas de la représentation, ainsi qu'il sera dit ci-après.

Art. XVIII. » La proximité de parenté s'établit par le nombre des générations; chaque génération s'appelle un degré.

Art. XIX. » La suite des degrés forme la ligne : on appelle ligne directe la suite des degrés entre personnes qui descendent l'une de l'autre; ligne collatérale, la suite des degrés entre personnes qui ne

» descendent pas les unes des autres, mais qui des-
» cendent d'un auteur commun.

» On distingue la ligne directe, en ligne directe des-
» cendante et ligne directe ascendante.

» La première est celle qui lie le chef avec ceux
» qui descendent de lui; la deuxième est celle qui lie
» un individu avec ceux dont il descend.

Art. XX. » En ligne directe, on compte autant de
» degrés qu'il y a de générations entre les personnes :
» ainsi le fils est à l'égard du père au premier degré,
» le petit-fils au second, et réciproquement du père et
» de l'aïeul à l'égard des fils et petits-fils.

Art. XXI. » En ligne collatérale, les degrés se
» comptent par les générations depuis l'un des parens
» jusques et non compris l'auteur commun, et depuis
» celui-ci jusqu'à l'autre parent.

» Ainsi deux frères sont au deuxième degré, l'oncle
» et le neveu sont au troisième degré, les cousins
» germains au quatrième, ainsi de suite.

SECTION II.

De la Représentation.

Art. XXII. » La représentation est une fiction de
» la loi, dont l'effet est de faire entrer les représentans
» dans la place, dans le degré et dans les droits du
» représenté.

Art. XXIII. » La représentation a lieu à l'infini dans
» la ligne directe descendante.

» Elle est admise dans tous les cas, soit que les enfans
» du défunt concourent avec les descendans d'un enfant
» prédécédé, soit que tous les enfans du défunt étant
» morts avant lui, les descendans desdits enfans se
» trouvent entre eux en degrés égaux ou inégaux.

Art. XXIV. » La représentation n'a pas lieu en faveur
» des ascendans; le plus proche, dans chacune des deux
» lignes, exclut toujours le plus éloigné.

Art. XXV. » En ligne collatérale, la représentation
» est admise en faveur des enfans et descendans de frères
» ou sœurs du défunt, soit qu'ils viennent à sa suc-
» cession concurremment avec des oncles ou tantes, soit
» que tous les frères et sœurs du défunt étant prédé-
» cédés, la succession se trouve dévolue à leurs des-
» cendans en degrés égaux ou inégaux.

Art. XXVI. » Dans tous les cas où la représentation

» est admise, le partage s'opère par souche : si une
» même souche a produit plusieurs branches, la sub-
» division se fait aussi par souche dans chaque branche,
» et les individus de la même branche partagent entre
» eux par tête.

Art. XXVII. » On ne représente pas les personnes
» vivantes, mais seulement celles qui sont mortes natu-
» rellement ou civilement.

» On peut représenter celui à la succession duquel
» on a renoncé.

SECTION III.

Des Successions déférées aux Descendans.

Art. XXVIII. » Les enfans ou leurs descendans suc-
» cèdent à leur père et mère, aïeuls, aïeules, ou autres
» ascendans, sans distinction de sexe ni de primogéniture,
» et encore qu'ils soient issus de différens mariages.

» Ils succèdent par égales portions et par tête, quand
» ils sont tous au premier degré et appelés de leur chef:
» ils succèdent par souche, lorsqu'ils viennent tous,
» ou en partie, par représentation.

SECTION IV.

Des Successions déférées aux Ascendans.

Art. XXIX. » Si le défunt n'a laissé ni postérité, ni
» frère, ni sœur ni descendans d'eux, la succession
» se divise par moitié entre les ascendans de la ligne
» paternelle et les ascendans de la ligne maternelle.

» L'ascendant qui se trouve au degré le plus proche,
» recueille la moitié affectée à sa ligne, à l'exclusion
» de tous autres.

» Les ascendans au même degré succèdent par tête.

Art. XXX. » Les ascendans succèdent à l'exclusion de
» tous autres, aux choses par eux données à leurs enfans
» ou descendans décédés sans postérité, lorsque les
» objets donnés se retrouvent en nature dans la succes-
» sion.

» Si les objets ont été aliénés, les ascendans recueil-
» lent le prix qui peut en être dû. Ils succèdent aussi à
» l'action en reprise que pouvait avoir le donataire.

Art. XXXI. » Lorsque les père et mère d'un individu
» mort sans postérité lui ont survécu, s'il a laissé des
» frères, sœurs ou des descendans d'eux, la succession

» se divise en deux portions égales, dont moitié seulement est déférée au père et à la mère, qui la partagent entre eux également.

» L'autre moitié appartient aux frères, sœurs ou descendans d'eux, ainsi qu'il sera expliqué dans la section *des Successions collatérales.*

Art. XXXII. » Dans le cas où l'individu mort sans postérité laisse des frères, sœurs ou des descendans d'eux, si le père ou la mère est prédécédé, la portion qui lui aurait été dévolue conformément au précédent article, se réunit à la moitié déférée aux frères, sœurs ou à leurs représentans, ainsi qu'il sera ci-après expliqué.

Section V.

Des Successions collatérales.

Art. XXXIII. » En cas de prédécès des père et mère d'un individu mort sans postérité, ses frères, sœurs ou leurs descendans sont appelés à l'exclusion des ascendans et des autres collatéraux.

» Ils succèdent, ou de leur chef, ou par représentation, ainsi qu'il a été réglé dans la section *de la Représentation.*

Art. XXXIV. » Si les père et mère de l'individu mort sans postérité lui ont survécu, ses frères, sœurs ou leurs représentans ne sont appelés qu'à la moitié de la succession. Si le père, ou la mère seulement, a survécu, ils sont appelés à recueillir les trois quarts.

Art. XXXV. » Le partage de la moitié ou des trois quarts dévolus aux frères ou sœurs, aux termes de l'article précédent, s'opère entre eux par égales portions, s'ils sont tous du même lit; s'ils sont de lits différens, la division se fait par moitié entre les deux lignes paternelle et maternelle du défunt; les germains prennent part dans les deux lignes, et les utérins et consanguins chacun dans leur ligne seulement; s'il n'y a de frères ou sœurs que d'un côté, ils succèdent à la totalité, à l'exclusion de tous autres parens de l'autre ligne.

Art. XXXVI. » A défaut de frère ou sœur ou de descendans d'eux, et à défaut d'ascendans dans l'une ou l'autre ligne, la succession est déférée, toujours par moitié dans chaque ligne, aux parens les plus proches.

» S'il y a concours de parens collatéraux au même » degré, ils partagent par tête.

Art. XXXVII. » Dans le cas de l'article précédent, » le père ou la mère survivant a l'usufruit du tiers des » biens auxquels il ne succède pas en propriété.

Art. XXXVIII. » Les parens au-delà du douzième » degré ne succèdent pas.

» A défaut de parens au degré successible dans une » ligne, les parens de l'autre ligne succèdent pour le » tout.

CHAPITRE IV.

DES SUCCESSIONS IRRÉGULIÈRES.

SECTION Ire

Des Droits des Enfans naturels sur les biens de leur père ou mère, et de la Succession aux enfans naturels décédés sans postérité.

Art. XXXIX. » Les enfans naturels ne sont point » héritiers; la loi ne leur accorde de droits sur les biens » de leurs père ou mère décédés, que lorsqu'ils ont été » légalement reconnus. Elle ne leur accorde aucun droit » sur les biens des parens de leurs père ou mère.

Art. XL. » Le droit de l'enfant naturel sur les biens » de ses père ou mère décédés est réglé ainsi qu'il » suit :

» Si le père ou la mère a laissé des descendans » légitimes, ce droit est d'un tiers de la portion héré- » ditaire que l'enfant naturel aurait eue s'il eût été » légitime : il est de la moitié, lorsque les père ou » mère ne laissent pas de descendans, mais bien des » ascendans ou des frères ou sœurs; il est des trois » quarts, lorsque les père ou mère ne laissent ni des- » cendans ni ascendans, ni frères ni sœurs.

Art. XLI. » L'enfant naturel a droit à la totalité des » biens, lorsque ses père ou mère ne laissent pas de » parens au degré successible.

Art. XLII. » En cas de prédécès de l'enfant naturel, » ses enfans ou descendans peuvent réclamer les droits » fixés par les articles précédens.

Art. XLIII. » L'enfant naturel ou ses descendans sont » tenus d'imputer sur ce qu'ils ont droit de prétendre, » tout ce qu'ils ont reçu du père ou de la mère dont la » succession est ouverte, et qui serait sujet à rapport

» d'après les règles établies au chapitre VII, section *des* » *Rapports*.

Art. XLIV. » Toute réclamation leur est interdite » lorsqu'ils ont reçu, du vivant de leur père ou de leur » mère, la moitié de ce qui leur est attribué par les » articles précédens, avec déclaration expresse, de la » part de leur père ou mère, que leur intention est de » réduire l'enfant naturel à la portion qu'ils lui ont » assignée.

» Dans le cas où cette portion serait inférieure à la » moitié de ce qui devrait revenir à l'enfant naturel, il » ne pourra réclamer que le supplément nécessaire pour » parfaire cette moitié.

Art. XLV. » Les dispositions des art. XL et XLI ne » sont pas applicables aux enfans adultérins ou inces- » tueux.

» La loi ne leur accorde que des alimens.

Art. XLVI. » Ces alimens sont réglés, eu égard aux » facultés du père ou de la mère, au nombre et à la » qualité des héritiers légitimes.

Art. XLVII. » Lorsque le père ou la mère de l'enfant » adultérin ou incestueux lui auront fait apprendre un » art mécanique, ou lorsque l'un d'eux lui aura assuré » des alimens de son vivant, l'enfant ne pourra élever » aucune réclamation contre leurs successions.

Art. XLVIII. » La succession de l'enfant naturel » décédé sans postérité, est dévolue au père ou à la » mère qui l'a reconnu, ou par moitié à tous les deux, » s'il a été reconnu par l'un et par l'autre.

Art. XLIX. » En cas de prédécès des père et mère » de l'enfant naturel, les biens qu'il en avait reçus re- » tournent à ses frères ou sœurs légitimes, s'ils se » retrouvent en nature dans la succession; les actions » en reprise, s'il en existe, ou le prix de ces biens » aliénés, s'il est encore dû, retournent également aux » frères et sœurs légitimes. Tous les autres biens passent » aux frères naturels.

SECTION II.

Des Droits du Conjoint survivant et de la République.

Art. L. » Lorsque le défunt ne laisse ni parens au » degré successible, ni enfans naturels, les biens de sa » succession appartiennent au conjoint non divorcé qui » lui survit.

Art. LI.

Art. LI. » A défaut de conjoint survivant, la succes-
» sion est acquise à la République.

Art. LII. » Le conjoint survivant et l'administration
» des domaines qui prétendent droit à la succession, sont
» tenus de faire apposer les scellés, et de faire faire inven-
» taire dans les formes prescrites pour l'acceptation des
» successions sous bénéfice d'inventaire.

Art. LIII. » Ils doivent demander l'envoi en posses-
» sion, au tribunal de première instance dans le ressort
» duquel la succession est ouverte : le tribunal ne peut
» statuer sur la demande qu'après trois publications et
» affiches dans les formes usitées, et après avoir entendu
» le commissaire du Gouvernement.

Art. LIV. » L'époux survivant est encore tenu de faire
» emploi du mobilier, ou de donner caution suffisante
» pour en assurer la restitution, au cas où il se présen-
» terait des héritiers du défunt, dans l'intervalle de trois
» ans; après ce délai, la caution est déchargée.

Art. LV. » L'époux survivant ou l'administration des
» domaines qui n'auraient pas rempli les formalités qui
» leur sont respectivement prescrites, pourront être con-
» damnés aux dommages et intérêts des héritiers, s'il s'en
» représente.

Art. LVI. » Les dispositions des articles LII, LIII,
» LIV et LV, sont communes aux enfans naturels ap-
» pelés à défaut de parens.

CHAPITRE V.

DE L'ACCEPTATION ET DE LA RÉPUDIATION DES SUCCESSIONS.

SECTION I.re

De l'Acceptation.

Art. LVII. » Une succession peut être acceptée pure-
» ment et simplement ou sous bénéfice d'inventaire.

Art. LVIII. » Nul n'est tenu d'accepter une succes-
» sion qui lui est échue.

Art. LIX. » Ceux qui ne sont pas capables de s'obli-
» ger, ne peuvent pas valablement accepter une suc-
» cession.

Art. LX. » L'effet de l'acceptation remonte au jour
» de l'ouverture de la succession.

Art. LXI. » L'acceptation peut être expresse ou tacite :
» elle est expresse quand on prend le titre ou la qualité

» d'héritier dans un acte authentique ou privé ; elle est » tacite quand l'héritier fait un acte qui suppose néces- » sairement son intention d'accepter, et qu'il n'aurait » droit de faire qu'en sa qualité d'héritier.

Art. LXII. » Les actes purement conservatoires, de » surveillance et d'administration provisoire, ne sont pas » des actes d'adition d'hérédité, si l'on n'y a pas pris le » titre et la qualité d'héritier.

Art. LXIII. » La donation, vente ou transport que » fait de ses droits successifs un des cohéritiers, soit à un » étranger, soit à tous ses cohéritiers, soit à quelques- » uns d'eux, emporte, de sa part, acceptation de la suc- » cession.

» Il en est de même, 1.° de la renonciation, même » gratuite, que fait un des héritiers au profit d'un ou de » plusieurs de ses cohéritiers ;

» 2.° De la renonciation qu'il fait, même au profit de » tous ses cohéritiers indistinctement, lorsqu'il reçoit le » prix de sa renonciation.

Art. LXIV. » Lorsque celui à qui une succession est » échue, est décédé sans l'avoir répudiée ou sans l'avoir » acceptée expressément ou tacitement, ses héritiers peu- » vent l'accepter ou la répudier de son chef.

Art. LXV. » Si ces héritiers ne sont pas d'accord pour » accepter ou pour répudier la succession, elle doit être » acceptée sous bénéfice d'inventaire.

Art. LXVI. » Le majeur ne peut attaquer l'acceptation » expresse ou tacite qu'il a faite d'une succession, que » dans le cas où cette acceptation aurait été la suite d'un » dol pratiqué envers lui ; il ne peut jamais réclamer sous » prétexte de lésion, excepté seulement dans le cas où la » succession se trouverait absorbée ou diminuée de plus » de moitié par la découverte d'un testament inconnu au » moment de l'acceptation.

Section II.

De la Renonciation aux Successions.

Art. LXVII. » La renonciation à une succession ne » se présume pas : elle ne peut plus être faite qu'au greffe » du tribunal de première instance dans l'arrondissement » duquel la succession s'est ouverte, sur un registre par- » ticulier tenu à cet effet.

Art. LXVIII. » L'héritier qui renonce est censé n'avoir » jamais été héritier.

Art. LXIX. » La part du renonçant accroît à ses co-
» héritiers ; s'il est seul, elle est dévolue au degré subsé-
» quent.

Art. LXX. » On ne vient jamais par représentation
» d'un héritier qui a renoncé : si le renonçant est seul
» héritier de son degré, ou si tous ses cohéritiers re-
» noncent, les enfans viennent de leur chef et succèdent
» par tête.

Art. LXXI. » Les créanciers de celui qui renonce
» au préjudice de leurs droits, peuvent se faire autoriser
» en justice à accepter la succession du chef de leur
» débiteur, en son lieu et place.

» Dans ce cas, la renonciation n'est annullée qu'en
» faveur des créanciers, et jusqu'à concurrence seule-
» ment de leurs créances : elle ne l'est pas au profit de
» l'héritier qui a renoncé.

Art. LXXII. » La faculté d'accepter ou de répu-
» dier une succession, se prescrit par le laps de temps
» requis pour la prescription la plus longue des droits
» immobiliers.

Art. LXXIII. » Tant que la prescription du droit
» d'accepter n'est pas acquise contre les héritiers qui ont
» renoncé, ils ont la faculté d'accepter encore la suc-
» cession, si elle n'a pas été déjà acceptée par d'autres
» héritiers, sans préjudice néanmoins des droits qui
» peuvent être acquis à des tiers sur les biens de la
» succession, soit par prescription, soit par actes va-
» lablement faits avec le curateur à la succession va-
» cante.

Art. LXXIV. » On ne peut, même par contrat de
» mariage, renoncer à la succession d'un homme vivant,
» ni aliéner les droits éventuels qu'on peut avoir à cette
» succession.

Art. LXXV. » Les héritiers qui auraient diverti ou
» recélé les effets d'une succession, sont déchus de la
» faculté d'y renoncer : ils demeurent héritiers purs et
» simples, nonobstant leur renonciation, sans pouvoir
» prétendre aucune part dans les objets divertis ou re-
» célés.

SECTION III.

Du Bénéfice d'inventaire, de ses Effets et des Obligations de l'Héritier bénéficiaire.

Art. LXXVI. » La déclaration d'un héritier qu'il

» entend ne prendre cette qualité que sous bénéfice d'in-
» ventaire, doit être faite au greffe du tribunal civil de
» première instance dans l'arrondissement duquel la suc-
» cession s'est ouverte : elle doit être inscrite sur le
» registre destiné à recevoir les actes de renonciation.

Art. LXXVII. » Cette déclaration n'a d'effet qu'autant
» qu'elle est précédée ou suivie d'un inventaire fidèle et
» exact des biens de la succession, dans les formes
» réglées par le code de la procédure civile, et dans
» les délais qui seront ci-après déterminés.

Art. LXXVIII. » L'héritier a trois mois pour faire
» inventaire, à compter du jour de l'ouverture de la suc-
» cession.

» Il a de plus, pour délibérer sur son acceptation
» ou sur sa renonciation, un délai de quarante jours,
» qui commencent à courir du jour de l'expiration des
» trois mois donnés pour l'inventaire, ou du jour de la
» clôture de l'inventaire, s'il a été terminé avant les trois
» mois.

Art. LXXIX. » Si cependant il existe dans la succes-
» sion, des objets susceptibles de dépérir ou dispendieux
» à conserver, l'héritier peut, en sa qualité d'habile à
» succéder, et sans qu'on puisse en induire de sa part
» une acceptation, se faire autoriser par justice à pro-
» céder à la vente de ces effets.

» Cette vente doit être faite par officier public, après
» les affiches et publications réglées par le code de la
» procédure civile.

Art. LXXX. » Pendant la durée des délais pour
» faire inventaire et pour délibérer, l'héritier ne peut être
» contraint à prendre qualité, et il ne peut être obtenu
» contre lui de condamnation : s'il renonce lorsque les
» délais sont expirés ou avant, les frais par lui faits
» légitimement jusqu'à cette époque, sont à la charge
» de la succession.

Art. LXXXI. » Après l'expiration des délais ci-des-
» sus, l'héritier, en cas de poursuite dirigée contre lui,
» peut en demander un nouveau, que le tribunal saisi
» de la contestation accorde ou refuse suivant les cir-
» constances.

Art. LXXXII. » Les frais de poursuites, dans le
» cas de l'article précédent, sont à la charge de la
» succession, si l'héritier justifie, ou qu'il n'avait pas eu
» connaissance du décès, ou que les délais ont été in-
» suffisans, soit à raison de la situation des biens, soit

» à raison des contestations survenues : s'il n'en justifie
» pas, les frais restent à sa charge personnelle.

Art. LXXXIII. » L'héritier conserve néanmoins, après
» l'expiration des délais accordés par l'art. LXXVIII,
» même de ceux donnés par le juge conformément à
» l'art. LXXXI, la faculté de faire encore inventaire
» et de se porter héritier bénéficiaire, s'il n'a pas fait
» d'ailleurs acte d'héritier, ou s'il n'existe pas contre lui
» de jugement passé en force de chose jugée, qui le
» condamne en qualité d'héritier pur et simple.

Art. LXXXIV. » L'héritier qui s'est rendu cou-
» pable de recélé, ou qui a omis, sciemment et de
» mauvaise foi, de comprendre dans l'inventaire, des
» effets de la succession, est déchu du bénéfice d'in-
» ventaire.

Art. LXXXV. » L'effet du bénéfice d'inventaire est
» de donner à l'héritier l'avantage,

» 1.° De n'être tenu du paiement des dettes de la
» succession qu'à concurrence de la valeur des biens
» qu'il a recueillis, même de pouvoir se décharger du
» paiement des dettes en abandonnant tous les biens de
» la succession aux créanciers et aux légataires;

» 2.° De ne pas confondre ses biens personnels avec
» ceux de la succession, et de conserver contre elle le
» droit de réclamer le paiement de ses créances.

Art. LXXXVI. » L'héritier bénéficiaire est chargé
» d'administrer les biens de la succession, et doit rendre
» compte de son administration aux créanciers et aux
» légataires;

» Il ne peut être contraint sur ses biens personnels,
» qu'après avoir été mis en demeure de présenter son
» compte, et faute d'avoir satisfait à cette obligation.

» Après l'apurement du compte, il ne peut être con-
» traint sur ses biens personnels, que jusqu'à concurrence
» seulement des sommes dont il se trouve reliquataire.

Art. LXXXVII. » Il n'est tenu que des fautes graves
» dans l'administration dont il est chargé.

Art. LXXXVIII. » Il ne peut vendre les meubles de
» la succession que par le ministère d'un officier public,
» aux enchères, et après les affiches et publications ac-
» coutumées.

» S'il les représente en nature, il n'est tenu que de
» la dépréciation ou de la détérioration causée par sa
» négligence.

Art. LXXXIX. » Il ne peut vendre les immeubles

» que dans les formes prescrites par le code judiciaire; il » est tenu d'en déléguer le prix aux créanciers hypo- » thécaires qui se sont fait connaître;

Art. XC. » Il est tenu, si les créanciers ou autres » personnes intéressées l'exigent, de donner caution » bonne et solvable de la valeur du mobilier compris » dans l'inventaire, et de la portion du prix des immeubles » non déléguée aux créanciers hypothécaires.

» Faute par lui de fournir cette caution, les meubles » sont vendus, et leur prix, ainsi que la portion non » déléguée du prix des immeubles, sont déposés pour » être employés à l'acquit des charges de la succession.

Art. XCI. » S'il y a des créanciers opposans, l'héritier » bénéficiaire ne peut payer que dans l'ordre et de la » manière réglés par le juge.

» S'il n'y a pas de créanciers opposans, il paye les » créanciers et les légataires à mesure qu'ils se présentent.

Art. XCII. » Les créanciers non opposans qui ne se » présentent qu'après l'apurement du compte et le paiement » du reliquat, n'ont de recours à exercer que contre les » légataires.

» Dans l'un et l'autre cas, le recours se prescrit par le » laps de trois ans, à compter du jour de l'apurement » du compte et du paiement du reliquat.

Art. XCIII. » Les frais d'inventaire, de scellés, s'il » en a été apposé, et de compte, sont à la charge de la » succession.

SECTION IV.

Des Successions vacantes.

Art. XCIV. » Lorsqu'après l'expiration des délais » pour faire inventaire et pour délibérer, il ne se pré- » sente personne qui réclame une succession, qu'il n'y » a pas d'héritier connu, ou que les héritiers connus y » ont renoncé, cette succession est réputée vacante.

Art. XCV. » Le tribunal de première instance dans » l'arrondissement duquel elle est ouverte, nomme un » curateur sur la demande des personnes intéressées, ou » sur la réquisition du commissaire du Gouvernement.

Art. XCVI. » Le curateur à une succession vacante est » tenu, avant tout, d'en faire constater l'état par un inven- » taire; il en exerce et poursuit les droits; il répond aux » demandes formées contre elle; il administre sous la » charge de faire verser le numéraire qui se trouve dans

» la succession, ainsi que les deniers provenant du prix
» des meubles ou immeubles vendus, dans la caisse du
» receveur de la régie nationale, pour la conservation des
» droits, et à la charge de rendre compte à qui il appar-
» tiendra.

Art. XCVII. » Les dispositions de la section III
» sur les formes de l'inventaire, sur le mode d'adminis-
» tration, et sur les comptes à rendre de la part de l'héri-
» tier bénéficiaire, sont au surplus communes aux cura-
» teurs à successions vacantes.

CHAPITRE VI.

DU PARTAGE ET DES RAPPORTS.

SECTION I.re

De l'Action en partage, et de sa Forme.

Art. XCVIII. » Nul ne peut être contraint à demeurer
» dans l'indivision; et le partage peut être toujours
» provoqué, nonobstant prohibitions et conventions
» contraires.

» On peut cependant convenir de suspendre le par-
» tage pendant un temps limité; cette convention ne
» peut être obligatoire au-delà de cinq ans, mais elle
» peut être renouvelée.

Art. XCIX. » Le partage peut être demandé, même
» quand l'un des cohéritiers aurait joui séparément de
» partie des biens de la succession, s'il n'y a eu un acte
» de partage, ou possession suffisante pour acquérir la
» prescription.

Art. C. » L'action en partage, à l'égard des cohé-
» ritiers mineurs ou interdits, peut être exercée par
» leurs tuteurs, spécialement autorisés par un conseil de
» famille.

» A l'égard des cohéritiers absens, l'action appartient
» aux parens envoyés en possession.

Art. CI. » Le mari peut, sans le concours de sa femme,
» provoquer le partage des objets meubles ou immeubles
» à elle échus, qui tombent dans la communauté. A
» l'égard des objets qui ne tombent pas en communauté,
» le mari ne peut en provoquer le partage sans le concours
» de sa femme; il peut seulement, s'il a le droit de jouir
» de ces biens, demander un partage provisionnel.

» Les cohéritiers de la femme ne peuvent provoquer

» le partage définitif qu'en mettant en cause le mari et » la femme.

Art. CII. » Si tous les héritiers sont présens et majeurs, » l'apposition de scellés sur les effets de la succession » n'est pas nécessaire, et le partage peut être fait dans » la forme et par tel acte que les parties intéressées jugent » convenable.

» Si tous les héritiers ne sont pas présens, s'il y a » parmi eux des mineurs ou des interdits, le scellé doit » être apposé dans le plus bref délai, soit à la requête » des héritiers, soit à la diligence du commissaire du » Gouvernement près le tribunal de première instance, » soit d'office par le juge de paix dans l'arrondissement » duquel la succession est ouverte.

Art. CIII. » Les créanciers peuvent aussi requérir » l'apposition des scellés, en vertu d'un titre exécutoire » ou d'une permission du juge.

Art. CIV. » Lorsque le scellé a été apposé, tous » créanciers peuvent y former opposition, encore qu'ils » n'aient ni titre exécutoire ni permission du juge.

» Les formalités pour la levée des scellés et la confec- » tion de l'inventaire, sont réglées par le code judiciaire.

Art. CV. » Si l'un des cohéritiers refuse de consentir » au partage, ou s'il s'élève des contestations soit sur le » mode d'y procéder, soit sur la manière de le terminer, » il en est référé au tribunal, qui prononce sur la » difficulté, ou qui commet, s'il y a lieu, un des juges » pour les opérations du partage.

Art. CVI. » L'action en partage, et les contestations » qui s'élèvent dans le cours des opérations, sont sou- » mises au tribunal du lieu de l'ouverture de la succession.

» C'est devant ce tribunal qu'il est procédé aux » licitations, et que doivent être portées les demandes » relatives à la garantie des lots entre copartageans et » celles en rescision du partage.

Art. CVII. » L'estimation des immeubles est faite par » experts choisis par les parties intéressées, ou, à leur » refus, nommés d'office.

» Le procès-verbal des experts doit présenter les bases » de l'estimation; il doit indiquer si l'objet estimé peut » être commodément partagé, de quelle manière; fixer » enfin, en cas de division, chacune des parts qu'on » peut en former et leur valeur.

Art. CVIII. » L'estimation des meubles, s'il n'y a pas » eu de prisée faite dans un inventaire régulier, doit

» être

» être faite par gens à ce connaissant, et à juste prix.

Art. CIX. » Chacun des cohéritiers peut demander sa » part en nature, des meubles et immeubles de la suc- » cession; néanmoins, s'il y a des créanciers saisissans ou » opposans, ou si la majorité des cohéritiers juge la vente » nécessaire pour l'acquit des dettes et charges de la » succession, les meubles sont vendus publiquement en » la forme ordinaire.

Art. CX. » Si les immeubles ne peuvent pas se partager » commodément, il doit être procédé à la vente par » licitation devant le tribunal.

» Cependant les parties, si elles sont toutes majeures, » peuvent consentir que la licitation soit faite devant » un notaire, sur le choix duquel elles s'accordent.

Art. CXI. » Après que les meubles et immeubles ont » été estimés et vendus, s'il y a lieu, le juge com- » missaire renvoie les parties devant un notaire, dont » elles conviennent, ou nommé d'office si les parties » ne s'accordent pas sur le choix.

» On procède, devant cet officier, aux comptes que » les copartageans peuvent se devoir, à la formation » de la masse générale, à la composition des lots et aux » fournissemens à faire à chacun des copartageans.

Art. CXII. » Chaque cohéritier fait rapport à la masse, » suivant les règles qui seront ci-après établies, des dons » qui lui ont été faits et des sommes dont il est dé- » biteur.

Art. CXIII. » Si le rapport n'est pas fait en nature, » les cohéritiers à qui il est dû, font, sur la masse de » la succession, des prélèvemens convenables pour les » égaler.

» Ces prélèvemens se font, autant que possible, » en objets de même nature, qualité et bonté, que les » objets non rapportés en nature.

Art. CXIV. » Après ces prélèvemens, il est procédé, » sur ce qui reste dans la masse, à la composition d'autant » de lots égaux qu'il y a d'héritiers copartageans, ou de » souches copartageantes.

Art. CXV. » Dans la formation et composition des » lots, on doit éviter, autant que possible, de morceler » les héritages et de diviser les exploitations; et il con- » vient de faire entrer dans chaque lot, s'il se peut, la » même quantité de meubles, d'immeubles, de droits, » ou de créances de même nature et valeur.

Art. CXVI. » L'inégalité des lots en nature se com- » pense par un retour, soit en rente, soit en argent.

Art. CXVII. » Les lots sont faits par l'un des cohé- » ritiers, s'ils peuvent convenir entre eux sur le choix, » et si celui qu'ils avaient choisi accepte la commission : » dans le cas contraire, les lots sont faits par un expert, » que le juge commissaire désigne.

» Ils sont ensuite tirés au sort.

Art. CXVIII. » Avant de procéder au tirage des lots, » chaque copartageant est admis à proposer ses récla- » mations contre leur formation.

Art. CXIX. » Les règles établies pour la division des » masses à partager, sont également observées dans la » subdivision à faire entre les souches copartageantes.

Art. CXX. » Si, dans les opérations renvoyées devant » un notaire, il s'élève des contestations, le notaire » dressera procès-verbal des difficultés et des dires res- » pectifs des parties, les renverra devant le commissaire » nommé pour le partage, et au surplus il sera procédé » suivant les formes prescrites au code judiciaire.

Art. CXXI. » Si tous les cohéritiers ne sont pas » présens, ou s'il y a parmi eux des interdits ou des » mineurs même émancipés, le partage doit être fait en » justice conformément aux règles prescrites par les » articles CII et suivans, jusques et compris l'article » précédent. S'il y a plusieurs mineurs qui aient des » intérêts opposés dans le partage, il doit leur être donné » à chacun un tuteur spécial et particulier.

Art. CXXII. » S'il y a lieu à licitation dans le cas du » précédent article, elle ne peut être faite qu'en justice, » avec les formalités prescrites pour l'aliénation des biens » des mineurs. Les étrangers y sont toujours admis.

Art. CXXIII. » Les partages faits conformément aux » règles ci-dessus prescrites, soit par les tuteurs, avec » l'autorisation d'un conseil de famille, soit par les » mineurs émancipés, assistés de leurs curateurs, soit au » nom des absens ou non présens, sont définitifs. Ils ne » sont que provisionnels, si les règles prescrites n'ont » pas été observées.

Art. CXXIV. » Tout individu, même parent du » défunt, qui n'est pas son successible, et auquel un » cohéritier aurait cédé son droit à la succession, peut » être écarté du partage, soit par tous les cohéritiers, » soit par un seul, en lui remboursant le prix de la » cession.

Art. CXXV. » Après le partage, remise doit être
» faite à chacun des copartageans, des titres particuliers
» aux objets qui lui sont échus.

» Les titres d'une propriété divisée restent à celui qui
» a la plus grande part, à la charge d'en aider ceux de
» ses copartageans qui y auront intérêt, quand il en sera
» requis.

» Les titres communs à toute l'hérédité sont remis à
» celui que tous les héritiers ont choisi pour en être le
» dépositaire, à la charge d'en aider les copartageans à
» toute réquisition. S'il y a difficulté sur ce choix, il
» est réglé par le juge.

SECTION II.

Des Rapports.

Art. CXXVI. » Tout héritier, même bénéficiaire,
» venant à une succession, doit rapporter à ses cohé-
» ritiers tout ce qu'il a reçu du défunt par donation
» entre-vifs, directement ou indirectement; il ne peut
» réclamer les legs à lui faits par le défunt, à moins que
» les dons et legs ne lui aient été faits expressément par
» préciput et hors part, ou avec dispense du rapport.

Art. CXXVII. » Dans le cas même où les dons et legs
» auraient été faits par préciput ou avec dispense du
» rapport, l'héritier, venant à partage, ne peut les rete-
» nir que jusqu'à concurrence de la quotité disponible;
» l'excédant est sujet à rapport.

Art. CXXVIII. » L'héritier qui renonce à la succes-
» sion, peut cependant retenir le don entre-vifs ou ré-
» clamer le legs à lui fait, jusqu'à concurrence de la
» portion disponible.

Art. CXXIX. » Le donataire qui n'était pas héritier
» présomptif lors de la donation, mais qui se trouve
» successible au jour de l'ouverture de la succession,
» doit également le rapport, à moins que le donateur
» ne l'en ait dispensé.

Art. CXXX. » Les dons et legs faits au fils de celui
» qui se trouve successible à l'époque de l'ouverture de
» la succession, sont toujours réputés faits avec dispense
» du rapport.

» Le père, venant à la succession du donateur, n'est
» pas tenu de les rapporter.

Art. CXXXI. » Pareillement le fils, venant de son
» chef à la succession du donateur, n'est pas tenu de

» rapporter le don fait à son père, même quand il aurait » accepté la succession de celui-ci; mais si le fils ne » vient que par représentation, il doit rapporter ce qui » avait été donné à son père, dans le cas où il aurait » répudié sa succession.

Art. CXXXII. » Les dons et legs faits au conjoint » d'un époux successible, sont réputés faits avec dis- » pense du rapport.

» Si les dons et legs sont faits conjointement à deux » époux, dont l'un seulement est successible, celui-ci » en rapporte la moitié; si les dons sont faits à l'époux » successible, il les rapporte en entier.

Art. CXXXIII. » Le rapport ne se fait qu'à la succes- » sion du donateur.

Art. CXXXIV. » Le rapport est dû de ce qui a été » employé pour l'établissement d'un des cohéritiers ou » pour le paiement de ses dettes.

Art. CXXXV. » Les frais de nourriture, d'entretien, » d'éducation, d'apprentissage, les frais ordinaires d'équi- » pement, ceux de noces et présens d'usage, ne doivent » pas être rapportés.

Art. CXXXVI. » Il en est de même des profits que » l'héritier a pu retirer de conventions passées avec le » défunt, si ces conventions ne présentaient aucun » avantage lorsqu'elles ont été faites.

Art. CXXXVII. » Pareillement il n'est pas dû de » rapport pour les associations faites, sans fraude, entre » le défunt et l'un de ses héritiers, lorsque les conditions » en ont été réglées par un acte authentique.

Art. CXXXVIII. » L'immeuble qui a péri par cas » fortuit et sans la faute du donataire, n'est pas sujet à » rapport.

Art. CXXXIX. » Les fruits et les intérêts des choses » sujettes à rapport, ne sont dus qu'à compter du jour » de l'ouverture de la succession.

Art. CXL. » Le rapport n'est dû que par le cohéri- » tier à son cohéritier; il n'est pas dû aux légataires ni » aux créanciers de la succession.

Art. CXLI. » Le rapport se fait en nature ou en » moins prenant.

Art. CXLII. » Il peut être exigé en nature à l'égard » des immeubles, toutes les fois que l'immeuble donné » n'a pas été aliéné par le donataire, et qu'il n'y a pas » dans la succession d'immeubles de même nature, valeur

» et bonté, dont on puisse former des lots à-peu-près
» égaux pour les autres cohéritiers.

Art. CXLIII. » Le rapport n'a lieu qu'en moins pre-
» nant, quand le donataire a aliéné l'immeuble avant
» l'ouverture de la succession; il est dû de la valeur de
» l'immeuble à l'époque de l'ouverture.

Art. CXLIV. » Dans tous les cas il doit être tenu
» compte au donataire, des impenses qui ont amélioré
» la chose, eu égard à ce dont sa valeur se trouve aug-
» mentée au temps du partage.

Art. CXLV. » Il doit être pareillement tenu compte
» au donataire, des impenses nécessaires qu'il a faites
» pour la conservation de la chose, encore qu'elles n'aient
» point amélioré le fonds.

Art. CXLVI. » Le donataire, de son côté, doit tenir
» compte des dégradations et détériorations qui ont di-
» minué la valeur de l'immeuble par son fait ou par sa
» faute et négligence.

Art. CXLVII. » Dans le cas où l'immeuble a été
» aliéné par le donataire, les améliorations ou dégrada-
» tions faites par l'acquéreur, doivent être imputées
» conformément aux trois articles précédens.

Art. CXLVIII. » Lorsque le rapport se fait en na-
» ture, les biens se réunissent à la masse de la succes-
» sion, francs et quittes de toutes charges créées par
» le donataire; mais les créanciers ayant hypothèque
» peuvent intervenir au partage, pour s'opposer à ce
» que le rapport se fasse en fraude de leurs droits.

Art. CXLIX. » Lorsque le don d'un immeuble, fait
» à un successible avec dispense du rapport, excède la
» portion disponible, le rapport de l'excédant se fait en
» nature, si le retranchement de cet excédant peut s'opé-
» rer commodément.

» Dans le cas contraire, si l'excédant est de plus de
» moitié de la valeur de l'immeuble, le donataire doit rap-
» porter l'immeuble en totalité, sauf à prélever sur la
» masse la valeur de la portion disponible : si cette por-
» tion excède la moitié de la valeur de l'immeuble, le
» donataire peut retenir l'immeuble en totalité, sauf à
» moins prendre et à récompenser ses cohéritiers en ar-
» gent ou autrement.

Art. CL. » Le cohéritier qui fait le rapport en nature
» d'un immeuble, peut en retenir la possession jusqu'au
» remboursement effectif des sommes qui lui sont dues
» pour impenses ou améliorations.

Art. CLI. » Le rapport du mobilier ne se fait qu'en » moins prenant.

» Il se fait sur le pied de la valeur du mobilier lors » de la donation, d'après l'état estimatif annexé à l'acte; » et à défaut de cet état, d'après une estimation par » expert.

Art. CLII. » Le rapport de l'argent donné se fait en » moins prenant dans le numéraire de la succession.

» En cas d'insuffisance, le donataire peut se dispenser » de rapporter du numéraire, en abandonnant, jusqu'à » due concurrence, du mobilier ; et à défaut de mobi- » lier, des immeubles de la succession.

SECTION III.

Du Paiement des dettes.

Art. CLIII. » Les cohéritiers contribuent entre eux » au paiement des dettes et charges de la succession, » chacun dans la proportion qu'il y prend.

Art. CLIV. » Le légataire à titre universel contribue » avec les héritiers au prorata de son émolument; mais » le légataire particulier n'est pas tenu des dettes et » charges, sauf toutefois l'action hypothécaire sur l'im- » meuble légué.

Art. CLV. » Lorsque des immeubles d'une succes- » sion sont grevés de rentes par hypothèque spéciale, » chacun des cohéritiers peut exiger que les rentes soient » remboursées et les immeubles rendus libres avant qu'il » soit procédé à la formation des lots: si les cohéritiers » partagent la succession dans l'état où elle se trouve, » l'immeuble grevé doit être estimé au même taux que » les autres immeubles : il est fait déduction du capital » de la rente, sur le prix total ; l'héritier dans le lot du- » quel tombe cet immeuble, demeure seul chargé du » service de la rente, et il doit en garantir ses cohé- » ritiers.

Art. CLVI. » Les héritiers sont tenus des dettes et » charges de la succession, personnellement pour leur » part et portion virile, et hypothécairement pour le » tout, sauf leur recours soit contre leurs cohéritiers, » soit contre les légataires universels, à raison de la part » pour laquelle ils doivent y contribuer.

Art. CLVII. » Le légataire particulier qui a acquitté » la dette dont l'immeuble légué était grevé, demeure

» subrogé aux droits du créancier contre les héritiers et
» successeurs à titre universel.

Art. CLVIII. » Le cohéritier ou successeur à titre » universel qui, par l'effet de l'hypothèque, a payé au-» delà de sa part de la dette commune, n'a de recours » contre les autres cohéritiers ou successeurs à titre uni-» versel, que pour la part que chacun d'eux doit person-» nellement en supporter, même dans le cas où le cohé-» ritier qui a payé la dette se serait fait subroger aux » droits des créanciers; sans préjudice néanmoins des » droits d'un cohéritier qui, par l'effet du bénéfice d'in-» ventaire, aurait conservé la faculté de réclamer le » paiement de sa créance personnelle comme tout autre » créancier.

Art. CLIX. » En cas d'insolvabilité d'un des cohéri-» tiers ou successeurs à titre universel, sa part dans la » dette hypothécaire est répartie sur tous les autres, au » marc le franc.

Art. CLX. » Les créanciers ne peuvent exercer de » poursuites contre l'héritier personnellement, qu'après » avoir fait déclarer exécutoires contre lui les titres » qu'ils avaient contre le défunt.

Art. CLXI. » Ils peuvent demander, dans tous les » cas, et contre tout créancier, la séparation des patri-» moines du défunt d'avec le patrimoine de l'héritier.

Art. CLXII. » Ce droit ne peut cependant plus être » exercé, lorsqu'il y a novation dans la créance contre » le défunt, par l'acceptation de l'héritier pour débiteur.

Art. CLXIII. » Il se prescrit, relativement aux meu-» bles, par le laps de trois ans.

» A l'égard des immeubles, l'action peut être exercée » tant qu'ils existent dans la main de l'héritier.

Art. CLXIV. » Les créanciers de l'héritier ne sont » point admis à demander la séparation des patrimoines » contre les créanciers de la succession.

Art. CLXV. » Les créanciers d'un copartageant, pour » éviter que le partage ne soit fait en fraude de leurs » droits, peuvent s'opposer à ce qu'il y soit procédé » hors de leur présence : ils ont le droit d'y intervenir » à leurs frais; mais ils ne peuvent attaquer un partage » consommé, à moins toutefois qu'il n'y ait été procédé » sans eux, et au préjudice d'une opposition qu'ils au-» raient formée.

SECTION IV.

Des Effets du partage et de la Garantie des lots.

Art. CLXVI. » Chaque cohéritier est censé avoir
» succédé seul et immédiatement à tous les effets compris
» dans son lot, ou à lui échus sur licitation, et n'avoir
» jamais eu la propriété des autres effets de la succession.

Art. CLXVII. » Les cohéritiers demeurent respecti-
» vement garans les uns envers les autres, des troubles et
» évictions seulement qui procèdent d'une cause anté-
» rieure au partage.

» La garantie n'a pas lieu, si l'espèce d'éviction souf-
» ferte a été exceptée par une clause particulière et ex-
» presse de l'acte de partage ; elle cesse, si c'est par sa
» faute que le cohéritier souffre l'éviction.

Art. CLXVIII. » Chacun des cohéritiers est person-
» nellement obligé, en proportion de sa part héréditaire,
» d'indemniser son cohéritier de la perte que lui a causée
» l'éviction.

» Si l'un des cohéritiers se trouve insolvable, la por-
» tion dont il est tenu doit être également répartie entre
» le garanti et tous les cohéritiers solvables.

Art. CLXIX. » La garantie de la solvabilité du débi-
» teur d'une rente, ne peut être exercée que dans les cinq
» ans qui suivent le partage. Il n'y a pas lieu à garantie,
» à raison de l'insolvabilité du débiteur, quand elle n'est
» survenue que depuis le partage consommé.

SECTION V.

De la Rescision en matière de Partage.

Art. CLXX. » Les partages peuvent être rescindés
» pour cause de violence ou de dol.

» Il peut aussi y avoir lieu à rescision, lorsqu'un des
» cohéritiers établit, à son préjudice, une lésion de plus
» du quart. La simple omission d'un objet de la succes-
» sion ne donne pas ouverture à l'action en rescision,
» mais seulement à un supplément à l'acte de partage.

Art. CLXXI. » L'action en rescision est admise
» contre tout acte qui a pour objet de faire cesser l'indi-
» vision entre cohéritiers, encore qu'il fût qualifié de
» vente, d'échange et transaction, ou de toute autre
» manière.

» Mais après le partage, ou l'acte qui en tient lieu,

» l'action en rescision n'est plus admissible contre la » transaction faite sur les difficultés réelles que présentait » le premier acte, même quand il n'y aurait pas eu à ce » sujet de procès commencé.

Art. CLXXII. » L'action n'est pas admise contre une » vente de droit successif, faite sans fraude, à l'un des » cohéritiers, à ses risques et périls, par ses autres cohé- » ritiers ou par l'un d'eux.

Art. CLXXIII. » Pour juger s'il y a eu lésion, on » estime les objets suivant leur valeur à l'époque du » partage.

Art. CLXXIV. » Le défendeur à la demande en » rescision peut en arrêter le cours et empêcher la des- » truction du partage, en offrant et en fournissant au » demandeur le supplément de sa portion héréditaire, » soit en numéraire, soit en nature.

Art. CLXXV. » Le cohéritier qui a aliéné son lot, en » tout ou partie, n'est plus recevable à intenter l'action » en rescision pour dol ou violence, si l'aliénation qu'il » a faite est postérieure à la découverte du dol ou à la » cessation de la violence. »

Le PREMIER CONSUL ordonne que le titre ci-dessus sera communiqué, par le secrétaire général du Conseil, au président de la section de législation du Tribunat.

Le C. BERLIER, d'après la conférence tenue avec le Tribunat, présente une nouvelle rédaction du titre *de l'Adoption.*

Il dit qu'il croit devoir fixer l'attention du Conseil sur deux points à l'égard desquels le Tribunat est en dissentiment avec le Conseil.

D'abord, aux diverses conditions imposées à celui qui veut adopter, le Tribunat propose d'ajouter celle d'*être* ou d'*avoir été marié.* Il motive cette proposition sur la crainte que la faculté d'adopter, isolée de cette condition, n'éloigne du mariage.

Le C. *Berlier* observe que la faculté d'adopter n'a lieu qu'à cinquante ans, et que les mariages qui se font à cet âge sont peu dans l'intérêt de la société.

C'est peu connaître d'ailleurs le cœur humain, que de croire que la facilité d'adopter un jour, encouragera le célibat même à l'âge où l'ordre social invite au mariage : la nature veille ici pour la société, et, de même qu'on aime mieux ses enfans que ceux d'autrui, de même le mariage ne recevra aucune atteinte de l'adoption.

Pourquoi donc enlever cette consolation à des hommes qui ne se seront souvent interdit le mariage, que parce que des infirmités les auront avertis que cet état ne leur convient pas !

Le Tribunat a proposé, en second lieu, de *dispenser l'oncle, vis-à-vis de son neveu, des soins préalables exigés de l'adoptant en général.*

Mais, outre que cette proposition a paru contraire aux principes adoptés par le Conseil, il serait à craindre que l'adoption pratiquée envers un neveu, sans la condition qui la rend favorable, ne devînt qu'un moyen mal déguisé de priver d'autres neveux ou nièces de la petite part qu'ils auraient à la succession de leur oncle.

La section pense que les deux amendemens proposés doivent être rejetés.

Le CONSEIL persiste dans sa première délibération.

Le titre est adopté ainsi qu'il suit :

CHAPITRE I.er

De l'Adoption.

SECTION I.re

De l'Adoption et de ses Effets.

Art. I.er « L'adoption n'est permise qu'aux personnes » de l'un ou de l'autre sexe, âgées de plus de cinquante » ans, qui n'auront, à l'époque de l'adoption, ni enfans, » ni decendans légitimes, et qui auront au moins quinze » ans de plus que les individus qu'elles se proposeront » d'adopter.

Art. II. » Nul ne peut être adopté par plusieurs, si » ce n'est par deux époux.

» Hors le cas de l'article XXIV ci-après, nul époux » ne peut adopter qu'avec le consentement de l'autre » conjoint.

Art. III. La faculté d'adopter ne pourra être exercée » qu'envers l'individu à qui l'on aura, dans sa minorité » et pendant six ans au moins, fourni des secours et » donné des soins non interrompus ; ou envers celui qui » aurait sauvé la vie à l'adoptant, soit dans un combat, » soit en le retirant des flammes ou des flots.

» Il suffira, dans ce deuxième cas, que l'adoptant soit » majeur, plus âgé que l'adopté, sans enfans ni descen- » dans légitimes, et, s'il est marié, que son conjoint con- » sente à l'adoption.

Art. IV. » L'adoption ne pourra, en aucun cas, avoir
» lieu avant la majorité de l'adopté. Si l'adopté, ayant
» encore ses père et mère, ou l'un des deux, n'a point
» accompli sa vingt-cinquième année, il sera tenu de
» rapporter le consentement donné à l'adoption par ses
» père et mère ou par le survivant, et s'il est majeur de
» vingt-cinq ans, de requérir leur conseil.

Art. V. » L'adoption conférera le nom de l'adoptant
» à l'adopté, en l'ajoutant au nom propre de ce dernier.

Art. VI. » L'adopté restera dans sa famille naturelle
» et y conservera tous ses droits. Néanmoins le mariage
» est prohibé entre l'adoptant, l'adopté et ses descen-
» dans ;

» Entre les enfans adoptifs du même individu ;

» Entre l'adopté et les enfans qui pourraient survenir
» à l'adoptant ;

» Entre l'adopté et le conjoint de l'adoptant, et réci-
» proquement entre l'adoptant et le conjoint de l'adopté.

Art. VII. » L'obligation naturelle qui continuera
» d'exister entre l'adopté et ses père et mère, de se four-
» nir des alimens dans les cas déterminés par la loi, sera
» considérée comme commune à l'adoptant et à l'adopté
» l'un envers l'autre.

Art. VIII. » L'adopté n'acquerra aucun droit de suc-
» cessibilité sur les biens des parens de l'adoptant ; mais
» il aura sur la succession de l'adoptant les mêmes droits
» que ceux qu'y aurait l'enfant né en mariage, même
» quand il y aurait d'autres enfans de cette dernière qua-
» lité nés depuis l'adoption.

Art. IX. » Si l'adopté meurt sans descendans légi-
» times, les choses données par l'adoptant ou recueillies
» dans sa succession, et qui existeront en nature lors
» du décès de l'adopté, retourneront à l'adoptant ou à
» ses descendans, à la charge de contribuer aux dettes
» et sans préjudice des droits des tiers.

» Le surplus des biens de l'adopté appartiendra à ses
» propres parens, et ceux-ci excluront toujours, pour
» les objets même spécifiés au présent article, tous héri-
» tiers de l'adoptant autres que ses descendans.

Art. X. » Si du vivant de l'adoptant, et après le dé-
» cès de l'adopté, les enfans ou descendans laissés par
» celui-ci mouraient eux-mêmes sans postérité, l'adop-
» tant succédera aux choses par lui données, comme il
» est dit en l'article précédent ; mais ce droit sera inhérent

» à la personne de l'adoptant, et non transmissible à ses » héritiers, même en ligne descendante.

SECTION II.

Des Formes de l'Adoption.

Art. XI. » La personne qui se proposera d'adopter » et celle qui voudra être adoptée, se présenteront de- » vant le juge de paix du domicile de l'adoptant, pour » y passer acte de leurs consentemens respectifs.

Art. XII. » Une expédition de cet acte sera remise » dans les dix jours suivans, par la partie la plus dili- » gente, au commissaire du Gouvernement près le tri- » bunal de première instance dans le ressort duquel se » trouvera le domicile de l'adoptant, pour être soumis » à l'homologation de ce tribunal.

Art. XIII. » Le tribunal réuni en la chambre du » conseil, et après s'être procuré les renseignemens con- » venables, vérifiera, 1.° si toutes les conditions de la » loi sont remplies; 2.° si la personne qui se propose » d'adopter jouit d'une bonne réputation.

Art. XIV. » Après avoir entendu le commissaire du » Gouvernement, et sans aucune autre forme de procé- » dure, le tribunal prononcera, sans énoncer de motifs, » en ces termes : *Il y a lieu* ou *il n'y a pas lieu à l'adoption.*

Art. XV. » Dans le mois qui suivra le jugement du » tribunal de première instance, ce jugement sera, sur » les poursuites de la partie la plus diligente, soumis » au tribunal d'appel, qui instruira dans les mêmes formes » que le tribunal de première instance, et prononcera, » sans énoncer de motifs : *le jugement est confirmé* ou » *le jugememt est réformé; et, en conséquence, il y a lieu* » ou *il n'y a pas lieu à l'adoption.*

Art. XVI. » Tout jugement du tribunal d'appel qui » admettra une adoption, sera prononcé à l'audience, » et affiché en tels lieux et en tel nombre d'exemplaires » que le tribunal jugera convenable.

Art. XVII. » Dans les trois mois qui suivront ce » jugement, l'adoption sera inscrite, à la réquisition de » l'une ou de l'autre des parties, sur les registres de » l'état civil du lieu où l'adoptant sera domicilié.

» Cette inscription n'aura lieu que sur le vu d'une » expédition en forme de jugement du tribunal d'appel, » et l'adoption restera sans effet, si elle n'a été inscrite » dans ce délai.

Art. XVIII. » Si l'adoptant venait à mourir après
» que l'acte constatant la volonté de former le contrat
» d'adoption a été reçu par le juge de paix et porté
» devant les tribunaux, et avant que ceux-ci eussent
» définitivement prononcé, l'instruction sera continuée
» et l'adoption admise s'il y a lieu.

» Les héritiers de l'adoptant pourront, s'ils croient
» l'adoption inadmissible, remettre au commissaire du
» Gouvernement tous mémoires et observations à ce
» sujet.

CHAPITRE II.

De la Tutelle officieuse.

Art. XIX. » Tout individu âgé de plus de cinquante
» ans, et sans enfans ni descendans légitimes, qui voudra,
» durant la minorité d'un individu, se l'attacher par
» un titre légal, pourra devenir son tuteur officieux,
» en obtenant le consentement des père et mère de
» l'enfant, ou du survivant d'entre eux, ou, à leur défaut,
» d'un conseil de famille, ou enfin, si l'enfant n'a point
» de parens connus, en obtenant le consentement des
» administrateurs de l'hospice où il aura été recueilli,
» ou de la municipalité du lieu de sa résidence.

Art. XX. » Un époux ne peut devenir tuteur officieux
» qu'avec le consentement de l'autre conjoint.

Art. XXI. » Le juge de paix du domicile de l'enfant
» dressera procès-verbal des demandes et consentemens
« relatifs à la tutelle officieuse.

Art. XXII. » Cette tutelle ne pourra avoir lieu qu'au
» profit d'enfans âgés de moins de quinze ans.

» Elle emportera avec soi, sans préjudice de toutes
» stipulations particulières, l'obligation de nourrir le
» pupille, de l'élever et de le mettre en état de gagner
» sa vie.

Art. XXIII. » Si le pupille a quelque bien, et s'il
» était antérieurement en tutelle, l'administration de ses
» biens, comme celle de sa personne, passera au tuteur
» officieux, qui ne pourra néanmoins imputer les dé-
» penses d'éducation sur les revenus du pupille.

Art. XXIV. » Si le tuteur officieux, après cinq ans
» révolus depuis la tutelle, et dans la prévoyance de
« son décès avant la majorité du pupille, lui confère
» l'adoption par acte testamentaire, cette disposition sera
» valable, pourvu que le tuteur officieux ne laisse point
» d'enfans légitimes.

Art. XXV. » Dans le cas où le tuteur officieux » mourrait, soit avant les cinq ans, soit après ce temps, » sans avoir adopté son pupille, il sera fourni à celui-ci, » durant sa minorité, des moyens de subsister, dont la » quotité et l'espèce, s'il n'y a été antérieurement pourvu » par une convention formelle, seront réglées soit amia- » blement entre les représentans respectifs du tuteur et » du pupille, soit judiciairement en cas de contestation.

Art. XXVI. » Si, à la majorité du pupille, son tuteur » officieux veut l'adopter, et que le premier y consente, » il sera procédé à l'adoption selon les formes prescrites » au chapitre précédent, et les effets en seront en tous » points les mêmes.

Art. XXVII. » Si, dans les trois mois qui suivront la » majorité du pupille, les réquisitions par lui faites à » son tuteur officieux à fin d'adoption sont restées sans » effet, et que le pupille ne se trouve point en état de » gagner sa vie, le tuteur officieux pourra être con- » damné à indemniser le pupille de l'incapacité où celui-ci » pourrait se trouver de pourvoir à sa subsistance.

» Cette indemnité se résoudra en secours propres à » lui procurer un métier; le tout sans préjudice des » stipulations qui auraient pu avoir lieu dans la pré- » voyance de ce cas.

Art. XXVIII. » Le tuteur officieux qui aurait eu » l'administration de quelques biens pupillaires, en devra » rendre compte dans tous les cas. »

Le C. Bigot-Préameneu présente la section II du chapitre II du titre *des Donations entre-vifs et des Testamens*.

Elle est ainsi conçue :

Section II.

De la Réduction des Donations et Legs.

Art. XXII. « Toute disposition, soit entre-vifs, soit » à cause de mort, qui excède la quotité disponible, » est réductible à cette quotité, sauf l'exception portée » au 3.e § de l'art. XVIII.

Art. XXIII. » La donation entre-vifs conserve tout » son effet pendant la vie du donateur.

Art. XXIV. » Lorsque dans l'une ou l'autre ligne » paternelle ou maternelle, il se trouvera plusieurs héri- » tiers, dont les uns auront et les autres n'auront pas le

» droit de demander la réduction, elle ne s'opérera qu'à
» l'égard de ceux au profit desquels la loi a restreint la
» faculté de disposer. Dans tous les cas, la réduction
» sera dans les proportions établies par l'art. XXVIII,
» en raison de la légitime, ou de la réserve de chaque
» successible.

Art. XXV. » Les créanciers, les donataires et légataires du défunt, ne pourront demander la réduction.

Art. XXVI. » La réduction se détermine en formant une masse de tous les biens existans au décès du donateur ou testateur : on y réunit fictivement ceux dont il a été disposé par donations entre-vifs, d'après leur état, à l'époque des donations, et leur valeur au temps du décès du donateur; on calcule sur tous ces biens après en avoir déduit les dettes, qu'elle est, eu égard à la qualité des héritiers qu'il laisse, la portion dont il a pu disposer.

Art. XXVII. » Il n'y a jamais lieu à réduire les donations entre-vifs, après avoir épuisé les donations à cause de mort.

Art. XXVIII. » Lorsqu'il sera reconnu que la valeur des donations entre-vifs excède ou égale la quotité disponible, toutes les donations à cause de mort seront caduques.

» Si la valeur des donations entre-vifs excède la quotité disponible, elles seront réduites, en commençant par la dernière, et ainsi de suite, en remontant des dernières aux plus anciennes, à l'exception de celles qui, dans le cas de la réserve aux frères ou sœurs, ou aux d'escendans d'eux, auraient été faites à d'autres qu'aux successibles.

Art. XXIX. » Si la donation réductible a été faite à l'un des successibles, il pourra retenir sur les biens donnés, la valeur de la portion qui lui appartiendrait, comme héritier, dans les biens non disponibles.

Art. XXX. » Dans le cas où les legs particuliers excéderaient soit la quotité disponible, soit la portion de cette quotité qui resterait après la déduction de la valeur des donations entre-vifs, les legs seront réduits entre les légatataires particuliers au marc le franc.

» Néanmoins, si, dans les cas ci dessus, il y a un légataire à titre universel, il prélèvera le quart de la masse libre, et n'aura droit au surplus qu'après le paiement intégral de tous les legs particuliers.

Art. XXXI. » Dans tous les cas où le donateur aura

» expressément déclaré qu'il entend que tel legs soit
» acquitté de préférence aux autres, cette préférence
» aura lieu, même au préjudice du quart réservé par
» l'article précédent, au légataire à titre universel.

Art. XXXII. » Le donataire restitue les fruits de ce
» qui excédera la portion disponible, à compter du jour
» du décès du donateur, si la demande de réduction a
» été faite dans l'année, sinon du jour de la demande.

Art. XXXIII. » Les immeubles qui rentrent dans la
» succession par l'effet de la réduction, y reviendront
» sans charges de dettes ou hypothèques créées par le
» donataire.

Art. XXXIV. » L'action en réduction ou révendi-
» cation peut être exercée par les héritiers contre les tiers
» détenteurs des immeubles faisant partie de la donation
» et aliénés par le donataire, de la même manière et dans
» le même ordre que contre le donataire lui-même, et
» déduction préalablement faite de ses biens. Cette action
» doit être exercée suivant l'ordre de dattes des aliéna-
» tions, en commençant par la plus récente. »

L'article XXII, premier de la section, est adopté.

L'article XXIII est discuté.

Le C. Bigot-Préameneu dit que l'objet de cet article est de régler les effets de la réductibilité, en décidant que la réduction de la donation ne peut être demandée pendant la vie du donateur, ni le donataire obligé de rapporter les fruits.

Le C. Treilhard propose de supprimer l'article, en ajoutant à l'article précédent, que la donation n'est réductible qu'à l'ouverture de la succession.

Cette proposition est adoptée.

L'article XXIV est discuté.

Le Consul Lebrun demande la suppression de cet article; l'article XXII le rend inutile. Il suffit, en effet, d'avoir décidé que la réduction se ferait en proportion des droits de chacun.

L'article est retranché comme inutile.

L'article XXV est discuté.

Le C. Maleville pense que cet article est inutile, puisqu'il résulte des articles précédens que la réduction

réduction n'a lieu qu'au profit et sur la demande des légitimaires.

Le C. Treilhard pense qu'il est utile d'ôter aux créanciers, aux légataires et aux donataires du défunt, tout prétexte de croire qu'ils peuvent demander la réduction.

Le C. Bigot-Préameneu ajoute que les motifs qui ont porté à exclure *formellement* les créanciers du droit de demander le rapport, doivent décider à proscrire d'une manière non moins solennelle les prétentions qu'ils pourraient avoir de demander la réduction.

En principe général, les créanciers peuvent exercer tous les droits que le défunt a transmis à ses héritiers ; ils en concluraient qu'ils peuvent aussi demander la réduction et le rapport, s'ils ne trouvaient pas dans la loi une dérogation formelle au principe général.

Le Premier Consul dit qu'il lui reste des doutes sur la justice de cette dérogation.

La légitime ne doit être fournie que sur les biens de la succession, et les biens ne peuvent être que ce qui reste après le paiement des dettes.

Le C. Treilhard dit qu'à la vérité les biens du défunt ne consistent que dans ce qui reste, les dettes payées, et que les héritiers n'ont droit qu'aux biens qui composent la succession, prélèvement fait des dettes. Mais le bien aliéné par une donation entre-vifs n'est plus dans la succession : or les créanciers hypothécaires antérieurs à la donation, et qui ont rempli les formalités nécessaires pour conserver leurs droits, peuvent répéter leur créance sur les biens donnés, non comme les trouvant dans la succession, mais parce qu'ils sont grevés d'une hypothèque à leur profit. Au contraire, les créanciers postérieurs à la donation, ou qui étant antérieurs, ne sont cependant que chirographaires, n'ont aucun droit sur les biens donnés ; car, d'un côté, ils ne sont pas hypothécairement affectés à leur créance ; de l'autre, la réductibilité n'est pas établie en leur faveur ; elle n'existe que pour les enfans, et ne peut profiter qu'à ceux pour l'intérêt desquels elle existe. Il est si peu dans l'intention de la loi d'en faire profiter les créanciers, que s'il n'y avait d'enfant que le donataire, ou que la donation fût faite à un étranger, les créanciers ne pourraient en demander la réduction.

Le PREMIER CONSUL demande comment on règle, dans ce cas, la légitime. Par exemple, un père qui avait un patrimoine de 100,000 francs, a fait à l'un de ses enfans une donation de 50,000 francs, et laisse 25,000 francs de dettes, comment opère-t-on pour fixer la légitime?

Le C. TREILHARD répond qu'on ajoute les 25,000 fr. qui demeurent libres après le paiement des dettes, aux 50,000 francs donnés, et que la légitime est fixée à raison d'un actif de 75,000 francs.

Le PREMIER CONSUL suppose que le défunt ait laissé plus de dettes que de biens. Ses enfans reprennent leur légitime sur une donation antérieurement faite à l'un de leurs frères; il semble juste que ce qu'ils retirent par ce moyen soit passible des dettes du père, car la légitime ne peut se prendre que sur les biens de la succession; or il n'y a de biens qu'après le paiement des dettes.

Le CONSUL CAMBACÉRÉS dit que les créanciers du donateur n'ont aucun droit à exercer sur les biens donnés, attendu que ces biens ont été mis hors des mains de leur débiteur; l'exception faite en faveur des enfans, pour leur assurer une légitime, n'appartient qu'à eux seuls et ne change point l'état des créanciers.

Le C. RÉAL dit que l'enfant qui demande la légitime, fait, par cela même, acte d'héritier, et, comme héritier, est tenu de payer les dettes : ainsi les biens qu'il recevra comme légitimaire deviendront le gage des créanciers de la succession.

Le C. BIGOT-PRÉAMENEU dit que celui qui a donné entre-vifs au-delà de sa portion disponible, est contrevenu à la loi relativement à ses héritiers, non relativement à ses créanciers, car, à l'égard de ces derniers, il lui était permis de disposer indéfiniment. Les créanciers ne peuvent donc rien prétendre sur les biens que la réduction rend aux enfans, et dès-lors le donataire ne peut repousser la demande, sous le prétexte que les créanciers seuls profiteraient de la réduction.

Le C. BOULAY dit qu'on ouvre la porte aux fraudes, si l'on admet le principe que les créanciers n'ont aucun droit sur les biens qui rentrent dans l'hérédité par l'effet de la réduction des donations.

Le C. THIBAUDEAU dit que les difficultés dont s'occupe le Conseil ne peuvent se présenter.

En effet, on ne permettra pas au créancier de demander la réduction, parce qu'alors il n'y aurait plus de donation certaine, puisqu'il suffirait au donateur, pour l'anéantir, de supposer une dette.

Reste le concours des créanciers et des héritiers.

Quand il existera, les créanciers exerceront leurs droits sur les valeurs que la réduction aura replacées dans l'hérédité.

Cependant il est possible que l'héritier et le donataire prennent ensemble des arrangemens tels que la réduction ne soit pas demandée : mais cet acte serait susceptible d'être attaqué comme frauduleux.

Le C. TREILHARD dit que la question, prise dans ses termes les plus simples, se réduit à savoir si la réduction a lieu au profit des héritiers ou au profit des créanciers.

Si elle est établie en faveur des enfans, elle ne peut profiter qu'à eux ; et elle existe si peu au profit des créanciers, que, s'il n'y a pas de légitimaire, ils ne peuvent exercer de recours contre le donataire.

Le C. MALEVILLE pense aussi que les créanciers chirographaires ne peuvent répéter leur créance sur les biens que la réduction rend aux légitimaires.

S'il en était autrement, le chirographaire serait payé par l'hypothécaire, car cette dernière qualité appartient au donataire.

Le C. EMMERY considère la réduction comme un privilége réservé aux légitimaires exclusivement; mais ils ne peuvent en faire usage sans se porter héritiers, et ils ne peuvent revêtir cette qualité sans entrer dans tous les engagemens du défunt qu'ils représentent.

Ainsi quand le créancier exerce son recours contre eux, ce n'est pas comme demandant la réduction; il n'en a pas le droit, car le donataire conserverait 50,000 francs au-delà de la légitime, que le créancier ne pourrait y rien prétendre : c'est comme étant devenu créancier direct du légitimaire, et ayant droit, à ce titre, sur tout ce que le légitimaire recueille dans la succession.

Le C. TREILHARD dit que dans ce système, la réduction serait abrogée de fait, toutes les fois qu'il existerait des dettes au-delà de la légitime, car il faudrait que le légitimaire eût perdu la raison pour la demander.

En laissant aux enfans les biens que la réduction leur donne, on ne fait aucun tort au créancier, puisqu'il n'avait aucun droit à la chose donnée.

Le PREMIER CONSUL dit qu'il cesse de soutenir l'intérêt des créanciers, du moment que l'on assure qu'ils ne sont point autorisés à demander la réduction; mais puisque les biens donnés ne font plus partie de ceux du défunt, la légitime n'étant qu'une quote-part de ces derniers, ne pourrait-on pas dire que, dans le cas où les donations entre-vifs et le passif de la succession épuisent ces mêmes biens, il n'y a point réellement de légitime.

Le C. TREILHARD répond que les dettes portent sur les biens qui se trouvent dans la succession, et non sur les choses qui ne s'y trouvent plus, comme ayant été aliénées par une donation.

Le C. MURAIRE dit que ce système tendrait à établir une légitime frauduleuse.

Il est certain que, où les dettes l'emportent sur l'actif, il n'y a ni succession, ni légitime. Dela résulte que si, dans ce cas, les enfans peuvent obtenir une légitime, par l'effet de la réduction, sans néanmoins payer les dettes, cette légitime est frauduleuse.

Le donataire, il est vrai, n'est pas tenu des dettes postérieures à la donation; mais la succession en est tenue: ainsi les choses que la réduction y fait rentrer, en prenant le caractère de biens héréditaires, deviennent le gage des créanciers, car l'action en réduction est une action héréditaire et une portion de la succession.

On fait valoir la faveur des enfans.

Cette faveur, quelque étendue qu'elle soit, ne peut cependant aller jusque là que, lorsqu'il n'y a pas de succession, on en crée une pour les enfans.

Le C. GALLY dit qu'il n'admet pas la distinction qu'on a faite entre les créanciers hypothécaires et les créanciers chirographaires. Il lui serait facile de la détruire; mais il n'est pas besoin de s'y arrêter, si les lois romaines sont une autorité qu'on puisse invoquer. On y trouve l'action *Paulienne* et le titre *De his quæ in fraudem creditorum, &c.*, qui écartent le système que le C. *Muraire* vient de combattre.

Le C. PORTALIS dit que la distinction qu'on a établie entre les créances hypothécaires et les chirographaires est fondée; car la date de ces dernières est toujours incertaine, et il est facile de les supposer beaucoup plus anciennes qu'elles ne sont.

L'opinant passe à ce que vient de dire le C. *Muraire*.

Il demande contre qui on peut établir une légitime frauduleuse. Il ne s'agit que de créanciers postérieurs à la donation ou chirographaires, qui, peut-être eux-mêmes, sont frauduleux : comment donc serait-il possible de les frauder par une donation. Ils l'ont connue, ou ils ne l'ont point connue. Dans le dernier cas, ils ne peuvent imputer qu'à eux-mêmes la perte qu'ils éprouvent ; car la donation est un acte public, entourée de formes destinées à la faire connaître. Si, au contraire, ces créanciers ont connu la donation, et ont néanmoins traité, ils ont suivi la foi du débiteur.

D'un autre côté, le droit de demander la réduction est établi en faveur de l'enfant, et non en faveur du créancier. Or, il serait étrange que, par le résultat, il tournât tout entier au profit de ce dernier.

Mais, dit-on, la légitime est une portion de l'hérédité.

Ce principe est incontestable ; et il est également vrai qu'il n'y a point de légitime dans toute succession dont l'actif est absorbé par les dettes. Mais ces principes ne reçoivent leur application que dans les cas ordinaires : ils sont impuissans contre l'exception établie par la loi en faveur des enfans. Dans le droit commun, en effet, le père peut dissiper et disposer librement de ses biens. C'est donc par une exception que, dans le cas où il a des enfans, la donation qu'il fait au profit de l'un d'eux, est modifiée par la condition de la réductibilité. Or, quelle est la date de ce privilége des enfans ! Il remonte à l'époque même de la donation et s'identifie avec elle.

D'ailleurs, dans le système que l'opinant combat, il faut admettre, ou que le créancier peut forcer les enfans à demander la réduction, ou qu'il ne le peut pas. Si l'on suppose qu'il en a le droit, comment concilier ce droit avec l'impossibilité où se trouve le créancier de l'exercer, quand il n'y a pas de légitimaire! Si, au contraire, le légitimaire ne peut être forcé de demander la réduction, il peut se refuser à en faire profiter le créancier.

L'action en réduction est un privilége personnel à l'enfant, à la différence de l'action en légitime, qui est une portion de la succession.

Le C. EMMERY dit que ce système peut être admis comme droit nouveau, mais qu'il est contraire au droit actuellement en usage. Toujours il a été permis aux créanciers de prendre ce qui leur est dû, sur toute la succession, et même sur la légitime. Or, point de doute que les biens recueillis par l'enfant, à titre de légitime, ne soient une fraction de sa portion héréditaire. L'article XVIII dit, en effet, que la légitime se composera des trois quarts de cette portion. Ainsi, si l'on veut que les biens qui rentrent ne soient pas passibles des dettes, il faut déclarer, avant tout, qu'ils seront considérés comme des alimens.

Le C. BIGOT-PRÉAMENEU dit que la légitime a été regardée comme intéressant l'ordre social : il a donc fallu prendre des moyens propres à la conserver aux enfans. Cependant on ne pouvait, sans blesser dans le père le droit de propriété, lui en interdire la disposition à titre onéreux : dès-lors la loi n'a plus dû s'occuper que des dispositions gratuites. Elle a en conséquence réglé, d'un côté, la portion qui serait réservée aux enfans; de l'autre, la portion disponible du père; et la légitime est devenue une dette naturelle, que le père est tenu d'acquitter, avant de faire des actes de libéralité au profit de ses autres enfans. Le légitimaire la prend, à la vérité, comme héritier; mais lorsque, pour s'en remplir, il est obligé de demander la réduction, il a, sous ce rapport, un caractère particulier, et devient créancier lui-même.

Les créanciers de la succession étant étrangers aux donations faites par le père, il ne peut résulter de ces donations aucun bénéfice en leur faveur. A l'égard du donataire, il ne peut faire valoir contre la demande en réduction la circonstance que l'actif étant absorbé par le passif, il n'existe point de légitime; car par rapport à lui, le calcul d'après lequel la légitime est réglée, n'est pas le même que celui d'après lequel la légitime est établie sur tous les biens de la succession.

Le C. BERLIER dit que la question peut s'éclaircir, en ne cumulant pas des objets différens.

La difficulté ne réside pas dans le point de savoir si les créanciers du *défunt* auront l'action en réduction : personne n'a proposé de la leur accorder *directement* contre le donataire.

La difficulté ne consiste pas non plus à savoir si les créanciers du défunt auront action contre l'enfant, afin u'il exerce son droit contre le donataire ; car 1.° cet nfant n'est pas leur débiteur, à moins qu'il n'ait d'ailleurs ait acte d'héritier; 2.° l'exercice d'un droit personnel ssentiellement fondé sur la volonté pure de celui à qui est accordé, ne peut devenir l'effet de la contrainte.

Ainsi, en analysant bien la discussion, l'article XXV eut être adopté, sauf à statuer sur un cas ultérieur dépendant de cet article; savoir, celui où l'enfant ayant sé de son droit de réduction, prétendrait en retenir l'effet, ns être tenu de payer les créanciers de son père.

Là, selon l'opinant, est le point de la difficulté, et ır lequel il ne peut partager l'opinion du C. *Portalis;* ar il n'est pas possible de voir seulement l'enfant dans *individu* qui exerce ce droit, mais bien aussi l'*héritier* au oins légitimaire, et dès-là obligé envers les créanciers. nutilement a-t-on dit que l'action en réduction deviendrait par-là illusoire; elle le devientrait, sans doute, dans supposition extrême où les dettes du défunt absoreraient toute la portion sujette à réduction ; mais ce cas e sera pas le plus fréquent.

En toute hypothèse, l'enfant fera son calcul. Si exercice de son droit doit lui devenir onéreux, il s'en bstiendra : mais s'il en use, il ne doit en recueillir les vantages qu'avec les charges ; et il faut ramener la gislation à ce point, si elle y est contraire.

Le CONSUL CAMBACÉRÉS dit que le système proosé change sans utilité le droit existant. Pour justifier ette assertion, il suffit de connaître ce qui se pratique, ors du retranchement des donations pour la légitime es enfans, et de rappeler les principes de la matière. Jn père de famille meurt, après avoir disposé de son ivant d'une partie de ses biens par des donations ntre-vifs ; que font les enfans qui lui survivent pour arvenir au réglement de la légitime ? Ils procèdent à composition du patrimoine , dans lequel ils font ntrer, non-seulement les biens que le père a laissés en nourant, mais encore ceux qu'il avait précédemment onnés. Si les biens existans suffisent pour remplir les nfans de leur légitime , on les leur expédie, et tout est onsommé; s'il y a insuffisance, on retranche ces donaions, en commençant par la dernière. Dans le cas où e père ne laisserait aucun bien, la manière d'opérer est oujours la même. On voit que, dans les deux espèces, a donation semble perdre son caractère d'irrévocabilité, puisque les biens qui la composent sont ravis en tout ou en partie au donataire, pour servir à remplir les enfans de leur légitime. Le motif de la loi est que la légitime doit être considérée comme une dette sacrée, qu'il faut toujours acquitter sur ce qui se trouve exister de l'hoirie paternelle, *substantiæ paternæ*, et que les dispositions à titre gratuit qu'un père ou une mère font, contiennent toujours cette condition tacite du retranchement pour la légitime des enfans. Ce qui vient d'être dit, ajoute le Consul, est fondé sur la législation romaine, sur l'autorité des docteurs et sur les dispositions précises de l'ordonnance de 1731, aux articles 34 et 35 : soit avant, soit depuis la publication de cette ordonnance, personne n'a pensé que les donations sujettes au retranchement pour la légitime, fussent affectées au droit des créanciers; ceux-ci n'en ont aucun sur les biens qui sont mis hors de la main de leur débiteur; et il serait étrange de leur donner une action récursoire sur les enfans, puisque ceux-ci n'ont pris aucun engagement envers eux, et que le retranchement des donations qui leur est accordé, est une sorte d'exorbitance du droit commun dont eux seuls doivent profiter.

Le PREMIER CONSUL dit que la loi semble autoriser la fraude, en décidant que, lorsqu'il y a des dettes, les enfans conserveront une portion de la succession, sans néanmoins payer les créanciers.

Le C. MALEVILLE dit que dans le cours de la discussion, on a mal à propos supposé que le legitimaire était nécessairement héritier. S'il avait cette qualité, il serait obligé de maintenir la donation, comme tous les autres contrats souscrits par le défunt.

Le C. RÉAL objecte que si le légitimaire n'était point héritier, il ne lui serait pas permis de renoncer à la succession et de demander cependant la légitime.

Le C. MALEVILLE répond que les enfans doivent payer les dettes sur les biens qui se trouvent encore dans la succession : mais s'ils reprennent leur légitime sur les biens qu'une donation a retranchés du patrimoine du défunt, c'est par un privilége particulier établi en leur faveur, et qui ne fait pas rentrer ces biens dans la succession.

Le CONSUL CAMBACÉRÈS dit que la qualité de

légitimaire

légitimaire ne suppose pas nécessairement la qualité d'héritier, puisque les enfans à qui le testateur a ôté cette dernière qualité, en instituant un étranger, ont néanmoins le droit de retenir la *quarte falcidie*.

Le C. REGNAUD (de Saint-Jean-d'Angely) dit que si la loi civile autorisait les enfans à retenir une partie des biens du père sans payer ses dettes, elle serait en contradiction avec la loi politique qui, dans le même cas, les prive des droits de citoyens.

Le PREMIER CONSUL dit qu'il est contre les mœurs qu'un fils opulent ne paye point les dettes de son père.

Le C. TREILHARD dit qu'en formant des hypothèses, il est facile d'attaquer la loi la plus sage et de justifier la loi la plus insensée.

Le système que propose la section a été amené par des idées fort simples et qu'il importe de rappeler. On s'est dit: un individu ne contracte point avec un créancier l'engagement de ne plus disposer de ses biens. La fraude n'est point comprise dans le droit que le débiteur se réserve : elle ferait un recéleur et non un donataire. Celui qui donne s'exproprie de la même manière que celui qui vend. Or, lorsqu'un débiteur meurt, les créanciers n'ont droit que sur ce qu'ils trouvent dans la succession; donc ils n'en ont aucun sur ce qui a été donné ou ce qui a été vendu.

Cependant le défunt laisse des enfans à qui la loi réservait une portion de ses biens et le droit de reprendre le complément sur les biens donnés à leurs frères. Ce n'est point le créancier que la loi a voulu favoriser, c'est l'enfant seul; car s'il n'existait point, ou s'il n'exerçait point son droit, le créancier n'aurait rien à prétendre. Il ne lui est pas plus permis d'attaquer la donation après la mort du débiteur que pendant sa vie. L'article est donc dans les principes, et concordant avec les dispositions adoptées.

Ainsi, sans examiner si le légitimaire est héritier ou créancier, il est sage de décider que l'action en réduction ne profitera qu'à lui seul.

Le C. BOULAY observe qu'on s'est appuyé, pour soutenir l'article, sur ce que la donation est irrévocable et étrangère au créancier. Cependant elle ne produit pas une expropriation aussi parfaite que la vente, puisqu'elle

N.° 22. H

est sujette à réduction pour compléter la légitime. Cette circonstance prouve que l'irrévocabilité absolue n'est pas de la nature de la donation, et que son existence est subordonnée à l'état où se trouve la succession.

Le C. CRÉTET dit qu'il serait permis à un père de mettre, dans un acte de donation, une clause qui obligerait le donataire à compléter la légitime des enfans : or la loi proposée se borne à réparer l'oubli des donateurs.

Le C. BIGOT-PRÉAMENEU dit que c'est ici un combat entre l'intérêt du légitimaire, l'intérêt du donataire et l'intérêt du créancier.

Le droit reçu décide en faveur du légitimaire, parce qu'il est de l'intérêt de la société, que des enfans ne soient pas entièrement dépouillés par leur père. Si, par innovation, l'intérêt du légitimaire est écarté, et qu'il n'y ait plus de concours qu'entre l'intérêt du donataire et l'intérêt du créancier, le donataire mérite la préférence, et il convient de le décharger de l'obligation de fournir la légitime, car ce n'est qu'au profit des enfans qu'on l'a soumis à la réduction. L'intérêt des créanciers ne devrait pas l'emporter sur le droit de propriété qui appartient au donataire ; et il serait injuste de l'obliger, par une rétroactivité odieuse, de se soumettre à payer des dettes qui sont postérieures à la donation.

Le C. BERENGER dit que la question de la réduction est celle dont il importe, en effet, de s'occuper. Sous tous les rapports, la réduction rend la donation révocable. On voudrait cependant qu'elle ne le fût point, afin que la propriété ne fût pas incertaine : mais la propriété est-elle certaine, lorsque le recours de l'enfant peut l'anéantir ? Le cas le plus favorable au système de la réduction, est celui où le donateur entre-vifs a excédé sa portion disponible. L'intérêt personnel rendra toujours ce cas fort rare, car, par les libéralités de cette nature, le donateur se dépouille actuellement, et ce sacrifice deviendra un indice que la donation est faite de bonne-foi et dans la proportion de la portion disponible.

Il est possible que, depuis la donation, le patrimoine du père ait beaucoup diminué, alors les enfans ne doivent exercer leurs droits que sur les biens qui restent, car si on remontait jusqu'à la donation, la légitime devrait être mesurée sur ce que le père possédait au moment où il a donné.

Le système de la réduction rend la position du do-
ıtaire qui use sagement de sa propriété, plus défa-
ɔrable que celle du donataire qui en abuse. Elle l'in-
te à dénaturer son bien et à le consumer, car la ré-
ıction peut le lui faire perdre, s'il le conserve.

Ce sera sur-tout par rapport aux donations à cause
mariage, qu'on apercevra combien il est dange-
ux de ne laisser au donataire qu'une propriété incer-
ine.

L'opinant ne s'oppose point à ce que l'art. XXV
it adopté ; mais il voudrait que l'art. XXII fût exa-
iné de nouveau.

Le PREMIER CONSUL dit que si la donation n'était
ıs réductible, même dans le cas où le père a excédé
portion disponible, la disposition qui donne une lé-
time aux enfans deviendrait illusoire.

Le CONSEIL décide,

1.° Que l'action en réduction aura lieu contre les
ıfans donataires ;

2.° Que les créanciers de la succession peuvent
cercer leur action sur les biens que la réduction rend
ı légitimaire.

La séance est levée.

PARIS, DE L'IMPRIMERIE DE LA RÉPUBLIQUE.
4 Germinal an XI.

www.ingramcontent.com/pod-product-compliance
Ingram Content Group UK Ltd.
Pitfield, Milton Keynes, MK11 3LW, UK
UKHW021008180726
13838UKWH00003B/1495

9 782329 41165